Wir, Jürgen und Jens Schlüsing sagen Danke,

für die Ermutigung zahlreicher Menschen, die uns nahestehen, diesen Bericht unseres Vaters zu veröffentlichen und dafür, zur Veröffentlichung beigetragen zu haben.

Ein besonderer Dank geht an unsere Kinder

Carina, Mona und Mirco

sowie an Hans-Jürgen Hellberg,

der maßgeblich zur Erstellung dieses Buches beigetragen hat.

Das Buch richtet sich gegen das Vergessen, das Vergessen der Grausamkeiten, die in diesem Zweiten Weltkrieg begangen wurden. Es waren Grausamkeiten an Kindern, Frauen, an der eigenen Bevölkerung, an Menschen aus Ländern, die im Namen der Deutschen an anderen begangen wurden. Es gibt keine gerechten Kriege, jeder Krieg stellt ein Versagen dar. Möge dieses Buch dazu beitragen, dass Menschen erkennen, dass wir nur gemeinsam für eine lebenswerte Erde sorgen können.

© 2020
Herstellung und Verlag:
BoD – Books on Demand, Norderstedt
ISBN: 978-3-7519-3354-4

Vorwort

Wir, die Söhne von Karlheinz Schlüsing, Jürgen und Jens, hatten als Nachkriegskinder eine Jugend ohne große Entbehrungen. Diese Jugend bildete für uns eine Basis für ein gutes Leben im aufstrebenden Deutschland der 1960er und 1970er Jahre. Diese Grundlage hatte unser Vater in seinem Leben nicht. Er verließ mit 17 Jahren die Schule, um bei Otto May eine Textillehre zu absolvieren. Danach arbeitete er ein paar Monate im väterlichen Geschäft und musste dann ab Februar 1941 am Arbeitsdienst in den von Deutschland besetzten Gebieten in Polen und in der Ukraine teilnehmen. Danach wurden die Spaten gegen Gewehre getauscht. Ab Dezember 1941 erfolgte die Ausbildung in der Wehrmacht vom einfachen Soldaten bis zum Leutnant. Auf einem Rückzugsgefecht in Weißrussland traf ihn am Kopf ein Streifschuss. Es folgte eine Zeit im Lazarett. Anschließend wurde er ins besetzte Frankreich versetzt. Dann wurde er nach Zusammenbruch der Ostfront in Richtung Osten nach Rumänien versetzt, von wo aus er auf die Halbinsel Krim zur Front geschickt wurde. Zu diesem Zeitpunkt wusste keiner, dass die Halbinsel bereits fast komplett von den Russen zurückerobert war. Folglich fiel er den Russen 1944 in die Hände und geriet in Kriegsgefangenschaft. Die jetzt folgenden Jahre prägten sein ganzes Leben. In den 1990er Jahren verfasste er aus der Erinnerung heraus den diesem Buch zugrunde liegenden Bericht über seine Zeit in Russland nördlich von Moskau. Dieser Zeitpunkt, etwa 50 Jahre nach Rückkehr aus Russland zeigt, dass er sich mit der Kriegsgefangenschaft sein Leben lang beschäftigte. Bekannt ist allerdings auch, dass viele Betroffene überhaupt nicht mit ihren Kindern über diese Zeit sprechen wollten. Unser Vater allerdings schon. Direkt nach der Rückkehr nach Deutschland verhielt er sich nach wie vor wie ein Plenni, der stets seine Hände auf dem

Rücken zusammenhielt, um so, wie er es jahrelang praktiziert hatte, seinem Körper maximal mögliche Wärme zu geben. Er kam Ende 1949 nach Bremerhaven zurück und die Firma seines Vaters stand inzwischen unter Führung einer fremden Person. Sein Vater arbeitete im Zuge der Entnazifizierungsmaßnahmen im Fischereihafen. Langsam gewöhnte sich unser Vater wieder an das zivile Leben, machte eine Weiterbildung an einer Textilfachschule in Neumünster und schaffte es schließlich, die Firma seines Vaters wieder in den Familienbesitz zurückzuholen. Danach begann während der Wirtschaftswunderzeit ein betrieblicher Aufschwung, der seiner Familie ein gesichertes Einkommen abwarf. In der gesamten Zeit seines Lebens hat er nie vergessen, was mit ihm in der Jugend geschehen ist und diese Zeit prägte stets seine Handlungen und Entscheidungen. Denn ihm war die Jugend gestohlen worden.

Bremerhaven, im Mai 2020

Die gestohlene Jugend

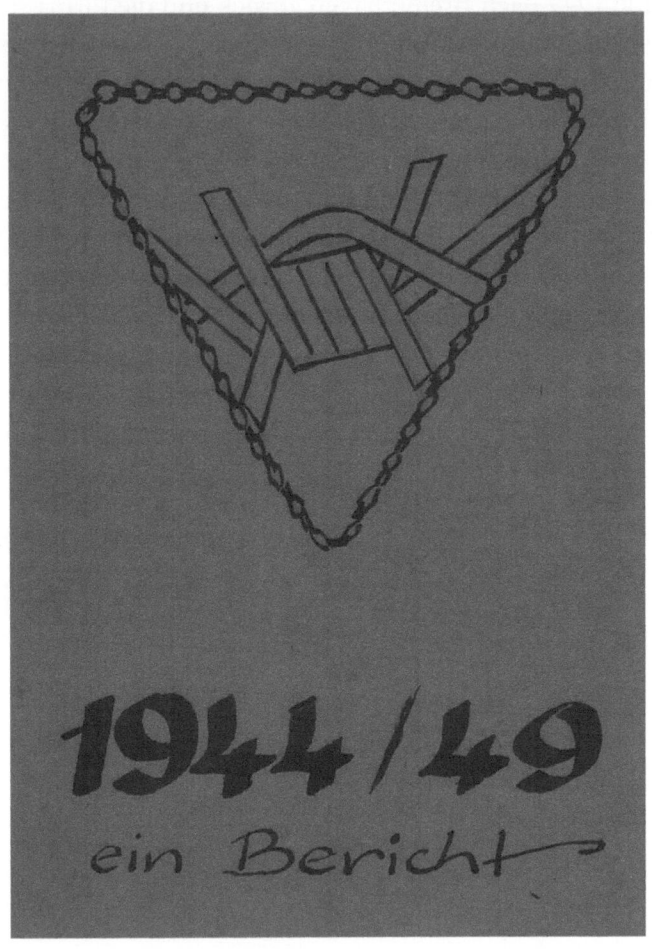

Über eine sowjetische Kriegsgefangenschaft

Ein Bericht von Karlheinz Schlüsing

1944 / 49

Ein Bericht

Karlheinz Schlüsing

mit Linolschnitten von H. Kittneben

Neben dem Leben zu rasten
ward meinem Lauf bestimmt
und wie der Wandrer die Lasten
von seinen Schultern nimmt,
leg' ich mein schweres Erleben
still vor mich hin ;
es reifer dann aufzuheben
und reicher weiter zu geben·
ward mein Gewinn - - - -

              Fritz Kuhn
              1946

Kommentar zu dem nebenstehenden Zeitungsbericht :

Die He 111 mit ca. der Hälfte unseres Bataillons wurde bereits
im Anflug zurückbeordert, weil der Landeplatz für diese
Maschinen nicht mehr benutzbar war. Von unseren dort gelandeten
Ju 52 sind vermutlich nur wenige wieder in Rumänien gelandet
(sihe Seite 3).
Nach 1950 hörte ich, daß lediglich einigen Fährprähmen die
Überfahrt gelang, größere Schiffe wurde bereits bei der Anfahrt
in Brand geschossen.
Nach Aussage der mit uns in Gefangenschaft geratenen Generäle
und höheren Stabsoffiziere sind es ca. 40 000 Mann gewesen, die
in diesen Tagen im Raum Sewastopol in Gefangenschaft gerieten.

Der Heldenkampf auf der Krim

Mit der Aufgabe von Sewastopol hat der Kampf um die Krim, der sich im Verlauf der nunmehr schon seit über zehn Monaten mit kurzen Unterbrechungen anhaltenden Sowjetoffensive entwickelte, sein Ende gefunden. Beginnend von dem Augenblick, da die Verlagerung der sich zuvor an die Krim anlehnenden deutschen Südflanke nach Westen bis zum Dnjestr erfolgte, dem Zeitpunkt also, da die Krim ihre außerordentlich große strategische Bedeutung als Deckung der Südflanke verloren hatte, zog die deutsche Führung die Konsequenzen aus der Lage. Sie war nicht nur darauf bedacht, Zug um Zug unsere Truppen und schweres und leichtes Material abzutransportieren, sondern auch den größten Teil der Bevölkerung in Sicherheit zu bringen, die nicht wieder unter bolschewistische Herrschaft geraten wollte. Dieser Plan ist vollkommen gelungen.

Mit der Ausdehnung der Front und mit der Verschärfung der allgemeinen Kriegssituation für die Festung Europa hielt es die deutsche Führung für angebracht, unter hinhaltendem Widerstand im Herbst und Winter 1943 auf 1944 die Frontlinie zurückzuverlegen. Dies bedeutete die Aufgabe eines erheblichen Teiles des territorialen Gebietes im Süden und schließlich auch die Räumung der Krim. Während dieser ganzen Operationen hatte aber die Halbinsel eine ungeheure strategische Bedeutung als Flankenschutz. Schon beim Halten des Kubanbrückenkopfes war die Krim die entscheidende Deckungsbastion. Sie wurde es erst recht, als die deutschen Divisionen über den Dnjepr sich kämpfend zurückzogen und den Dnjestr erreichten. Die sorgfältig geplanten und mit größter Tapferkeit trotz aller Schwierigkeiten durchgeführten Rückwärtsbewegungen wären ohne das Ausharren der deutschrumänischen Krim-Armee nicht denkbar gewesen. Die Verteidigung der Krim, besonders an der Enge von Perekop und im Raum von Kertsch, ermöglichte es der deutschen Führung, im vorgesehenen Tempo und mit erheblichen Sicherungsfaktoren die Frontverlagerung vorzunehmen. Bei dieser Sachlage bestand natürlich ein erhebliches Risiko, daß nämlich die Krim eines Tages isoliert sein mußte. Für diesen Fall war Vorsorge getroffen worden, die großen Transporte rechtzeitig zu bewerkstelligen.

Durch Wochen und Monate hindurch konnte sich planmäßig der Abtransport vollziehen, ohne irgendwelche ins Gewicht fallenden Verluste. Das schwere Material der Krimdepots wurde ebenso in Sicherheit gebracht wie das schwere Material des anderen Teils der Südfront, das dank der Haltung der Krimarmee im wesentlichen nunmehr schon für neue Defensivoperationen zur Verfügung steht.

Noch bis in die letzten Stunden während der Räumung der Stadt Sewastopol konnte von deutsch-rumänischen Nachhuten ein kleiner Brückenkopf gehalten werden, der auch den Abtransport der letzten heldenhaften Verteidiger dieses Schwarzmeerhafens schirmte. Nach der deutschen Eroberung Sewastopols war die rote Festung geschleift worden, auf die Stalin so besonders stolz war. Die jetzigen Schlußkämpfe um Sewastopol konnten sich also nicht auf den Schutz starker Befestigungswerke stützen, sondern ausschließlich auf improvisierte

Feldbefestigungen und die natürlichen Verteidigungsmöglichkeiten, die in bewährter Weise ausgenutzt wurden. So bietet sich dem sachverständigen Krimbeurteiler eine durchaus einheitliche militärische Entwicklung, die vollständig von der Initiative der deutschen Führung beherrscht wurde.

Ein Bericht der „Zevener Zeitung" vom 15. Mai 1944

Mit der Aufgabe von Sewastopol hat der Kampf um die Krim, der sich im Verlauf der nunmehr schon seit über zehn Monaten mit kurzen Unterbrechungen anhaltenden Sowjetoffensive entwickelte, sein Ende gefunden. Beginnend von dem Augenblick, da die Verlagerung der sich zuvor an die Krim anlehnenden deutschen Südflanke nach Westen bis zum Dnjestr erfolgte, dem Zeitpunkt also, da die Krim ihre außerordentlich große strategische Bedeutung als Deckung der Südflanke verloren hatte, zog die deutsche Führung die Konsequenzen aus der Lage. Sie war nicht nur darauf bedacht, Zug um Zug unsere Truppen und schweres und leichtes Material abzutransportieren, sondern auch den größten Teil der Bevölkerung in Sicherheit zu bringen, die nicht wieder unter bolschewistische Herrschaft geraten wollte. Dieser Plan ist vollkommen gelungen.

Mit der Ausdehnung der Front und mit der Verschärfung der allgemeinen Kriegssituation für die Festung Europa hielt es die deutsche Führung für angebracht, unter hinhaltendem Widerstand im Herbst und Winter 1943 auf 1944 die Frontlinie zurückzuverlegen. Dies bedeutete die Aufgabe eines erheblichen Teiles des territorialen Gebietes im Süden und schließlich auch die Räumung der Krim. Während dieser ganzen Operationen hatte aber die Halbinsel eine ungeheure strategische Bedeutung als Flankenschutz. Schon beim Halten des Kubanbrückenkopfes war die Krim die entscheidende Deckungsbastion. Sie wurde es erst recht, als die deutschen Divisionen über den Dnjepr sich kämpfend zurückzogen und den Dnjestr erreichten. Die sorgfältig geplanten und mit größter Tapferkeit trotz aller Schwierigkeiten durchgeführten Rückwärtsbewegungen wären ohne das Ausharren der deutschrumänischen Krim-Armee nicht denkbar gewesen. Die Verteidigung der Krim, besonders an der Enge von Perekop und im Raum von Kertsch, ermöglichte es der deutschen Führung, im vorgesehenen Tempo und mit erheblichen Sicherungsfaktoren die Frontverlagerung vorzunehmen. Bei dieser Sachlage bestand natürlich ein erhebliches Risiko, daß nämlich die Krim eines Tages isoliert sein mußte. Für diesen Fall war Vorsorge getroffen worden, die großen Transporte rechtzeitig zu bewerkstelligen.

Gen Osten

30. April 1944, ein Frühling wie ich ihn nie zuvor erlebt, mit Mandelblüten, Pfirsich- und Kirsch - Blüte. Ein Frühling mit sommerlicher Sonne – und doch eine Zeit voller Wolken und Schatten.

Die Szene des französischen Widerstandes, in die wir geraten waren, war uns allen fremd und zuwider. Schüsse in den Straßen, Pistolen in Damen-Handtaschen, Haß in vielen Augen.... Es ist vorbei. Wir sind im Zug Richtung Osten, dort weiß jeder, von welcher Seite Gefahr droht.

Noch sind die Tulpen nicht verblüht, die unser Abteil schmücken, ein letzter Gruß aus Frankreich. Wir werden von einem Verschiebebahnhof zum anderen weitergereicht. Das Ziel ist unbekannt. Als "Kampf-Marsch-Bataillon" sind wir eine Einheit, die an einem Brennpunkt der Front geschlossen eingesetzt werden kann.

Der Weg führt über Rosenheim und Wien, bei herrlichem Wetter durch Ungarn bis nach Rumänien. Wieder ein Bahnhof, mindestens drei Stunden Aufenthalt, heißt es. Unser Heu-Vorrat geht zu Ende. Eine entsprechende Bescheinigung stellt die Bahnhof-Kommandantur aus, ein Fahrzeug hat sie nicht für uns. Das Heu-Depot findet sich in einem 6 km entfernten Dorf, unsere Pferde und Wagen können aber mangels Rampe nicht entladen werden – was tun?
Befehl: Heu heranschaffen, gleich wie.
Da stehe ich nun als Anhalter auf einer Dorfstraße im fremden Land und warte auf ein Wunder. Dieses Wunder soll keine Waffe

1

bewirken, ich habe es in der Feldtasche in Form von 2 Flaschen Cointreau, nur sie werden mir helfen können. Der erste LKW - Fahrer hat einen dringenden Weg, geht nicht. Der zweite Fahrer zögert, da sitze ich schon neben ihm, rede mit Engelszungen und - er fährt. Der Rest ist schnell getan. Schein abgeben, Ballen auf den Wagen und zurück zum Bahnhof. Jubel bei den Kutschern, Heu in den Waggon und schon setzt der Zug sich in Bewegung. Das war´s – allerdings gibt es ein Nachspiel. Auf der nächsten Station liegt ein Telegramm der Oberkommandantur jenes Ortes vor, mit der Forderung, den Offizier, der derart unvorschriftsmäßige Dinge treibe, schärfstens zu bestrafen. Der Kommandeur liest es mir vor und lacht. Kommentar gut gemacht. Meine Gedanken: Glück gehabt. Meinen Kompanie-Chef bereitet der Kommandeur darauf vor, daß, wenn wir zu einem geschlossenen Einsatz kommen, ich die Kompanie verlassen muß, um Bataillons-Adjutant zu werden.

Hauptmann Gruhlke, mein Kompanie-Chef, und ich sitzen auf der Protze der Feldküche, ein Logenplatz vor der Kulisse der Berge, Hügel und blühenden Täler. Meine Gedanken schweifen zurück. Im ungarischen Kecskemet soll der Zug sehr lange halten. Der Kommandeur war schon länger in der Kommandantur. Ich hatte unsere Kompanie auf einem Rasen zum Singen versammelt, eine Abwechslung nach den Tagen im Waggon. Da kam ein Melder und forderte mich und meinen Chef auf, ihm zu folgen. Er brachte uns in ein Bürgerhaus und wen finden wir dort, unseren Chef der zweiten Kompanie. Er saß in gemütlichen Familienkreis einer ungarischen Familie deutscher Abstammung. Wir sind zum Essen eingeladen. Doch erstens kommt es anders- -….. kaum, daß wir das erste Glas erhoben hatten, kam ein Melder gelaufen: der Zug fährt in 10 Minuten. Überstürzter Aufbruch, schneller Dank und schon führte das Ratatam der Räder uns wieder in die Nacht hinein.

Zwei Tage später sind wir in Foscani. Es ist eine kleine Stadt, hat einen halbverfallenen Bahnhof, der jedoch ein reger Umschlagplatz zu sein scheint. Viel deutsche Wehrmacht ringsum. Da muß man sich wundern, da Hühner und auch Schweine im Bahngelände frei herumlaufen.

Wir warten, warten auf das, was seit Tagen wie ein Schatten die Gedanken bedrängt: Wohin? Wohin werden wir jetzt fahren oder marschieren?

Der Kommandeur, stets voller Elan mit seinen 27 Jahren, kommt von der Kommandantur zurück. Sofort entladen, fertig machen zum Abmarsch. Es ist also soweit, wohin es geht, glauben wir zu wissen. Der Brennpunkt der Südfront heißt Jassi. Nachtquartier in einer Schule, Stroh auf der Erde, Frontnähe---

9. Mai 1944, früh am Morgen Appell.
Feldmarschmäßig abmarschbereit in einer Stunde.
Zurück bleiben die Funktionäre, Schreibstube, Küche und natürlich das größere Gepäck. Wir marschieren zum Flugplatz. Vorher habe ich schnell noch eine Karte geschrieben und angedeutet, daß eine nächste Nachricht vermutlich auf sich warten lasse.

Einteilung: Je Zug eine Ju 52 mit 25 Mann und eine He 111 mit 16 Mann. Feldwebel Hub nimmt die 16 Mann und ich gehe zu den 25 Mann. Sogar unseren Infanterie-Karren müssen wir verladen. Über dem Platz liegt Nebel, in der Maschine ist es still, jeder hängt seinen Gedanken nach. Ungewißheit, banges Erwarten, das Fliegen, alles legt sich auf die Gemüter.

Bald sind wir in der Luft. Der Funker sagt, daß wir in Galatz zwischenlanden. Dort angekommen steige ich aus, um etwas

3

über unser Ziel zu erfahren. Es trifft mich wie ein Schlag, unser Ziel ist die Krim. Die Krim? Was sollen wir auf der Krim? Sagte nicht der letzte Wehrmachts-Bericht, daß dort Rückzugs-Bewegungen laufen?

Mein Platz ist neben dem Funker. Wieviel Kilometer?, ca. 400. Der linke Motor zeigt immer Flammen?!, macht nichts, hat er immer. Wo landen wir? Es gibt nur noch einen Platz direkt an der Küste und der liegt bestimmt schon unter Beschuß. So ein Quatsch, weiß gar nicht, was ihr da noch sollt, ist der letzte Kommentar des Funkers. So denkt die Besatzung, sie kennen die Lage, wir nicht.

Meine Gedanken werden jäh unterbrochen. Wir liegen im Feuer der Flak. Ringsum uns ein wildes Feuerwerk. Ab und an knallt es gegen den Rumpf. Die Maschine zieht weit über Land und setzt zur Landung an. Der Funker erklärt mir den Frontverlauf, den man deutlich an den Geschütz-Mündungsfeuern beider Seiten erkennen kann. Ein dumpfer Schlag erschüttert die Maschine, aber die brave Tante Ju tut als sei nichts gewesen. Noch einmal umfängt uns das Feuer der 2cm-Flak wie aufgereihte Perlen vor der Finsternis. Dann geht es auf die Landebahn zu. Kaum, daß die Maschine nach einigen Hüpfern steht, fliegt die Tür auf: Raus! und weg vom Platz, sammeln am Rande des Platzes.

Sankas flitzen heran, Verwundete einladen. Da ein ohrenbetäubendes Bersten und Krachen, Stalinorgel. Feuertaufe für meine jungen Soldaten, die erst 4 Monate Ausbildung gehabt haben. Einzeln holen Unteroffizier Schröder und ich sie wieder zusammen.

Wohin jetzt? Irgendwer weist uns den Weg zum Stab des Armee Korps. In Flugplatz-Nähe erleben wir noch, daß sich eine

Maschine überschlägt, eine andere gerät in Brand. Bange Frage, sind es unsere Kameraden, die das Unglück trifft? Aber, was heißt hier schon Unglück? Der Korps-Stab liegt in den Kasematten des Forts „Maxim Gorki", daß im Herbst/Winter 1942 von den im Elbe-Weser-Raum beheimateten Regimentern in härtesten Kämpfen genommen wurde. War alles umsonst?

Vor dem Fort stoße ich auf Leutnant Greiner von der 4. Kompanie, er hat ca. 40 Mann dabei. Auch bei mir haben sich im Morgendämmern noch einige gemeldet, die keine Vorgesetzten fanden.

Der IA des Korps, ein Major, bekommt einen Wutanfall, wie ich ihm Meldung erstatte und er hört, woher wir kommen. Mein Erschrecken über seine Reaktion hat er bemerkt. Er entschuldigt sich und wird wieder laut, wie er mir ein Papier in die Hand drückt. Es ist der Absetz-Befehl für sämtliche Krim-Einheiten, vorgesehen für den heutigen Abend um 23:00 Uhr; jetzt ist es 04:00 Uhr früh. Ich bin wie vor den Kopf gestoßen und höre vom IA Worte wie Verrat, Unfähigkeit und Schlimmeres. Aber was nützt es, wir sind hier.

Wir werden zwei Regimentern zugeteilt. Wieder führt der lange Weg durch die finsteren Gänge des Forts, vorbei an den unzähligen Verwundeten, die man hier abgelegt hat, oder die sich selbst in den Schutz der dicken Mauern verkrochen haben. Jedenfalls alle von dem Fünkchen Hoffnung beseelt, hier irgendwelche Hilfe zu finden.

Draußen steht ein Feuerwerk am Himmel, wie es uns noch kein 1. Mai je zu bieten hatte. Melder bringen uns zu den Regimentern. Greiner Rgt. 186, ich melde mich mit 4 Uffz. und 32 Mann beim Regiment 170. Es ist 05 Uhr früh am 10. Mai 1944.

Auch im Regimentsstab großes Erschrecken, ob unseres Erscheinens, was sollt ihr denn noch? Neben dem Erdbunker ein Sturmgeschütz. Es ist ein Bild, wie einem Heldenepos entnommen. Die Bedienung, einer mit wirrem Schopf, Gesichter verstaubt, von Qualm umrahmt, schiebt Schuß auf Schuß ins Rohr. Wir aber fallen um und schlafen, nur im Schlaf kann man vergessen---

Die Stunde Null

Wir verbringen den ersten Tag in der Frontlinie der Krim im Schlaf. Am Abend Befehlsausgabe im Bataillons-Gefechtsstand. Die Absetzbewegung ist um einen Tag verschoben. Für das Regiment heißt es, Stellung halten, warten auf den nächsten Abend. Und dieser Abend kommt. Um 23:00 Uhr wird die Front zurückgezogen. Meine Aufgabe, zurückziehen auf eine vorbereitete Hafenschutzstellung (wie gut, daß wir neue, fremde Leute da haben! Diese durchaus möglichen Gedanken des Kommandeurs kann ich natürlich nur erraten). Die Frontlinie sickert dann später durch diese Stellung hindurch, um die Schiffe zu besteigen. Und wir? Na klar, wir dürfen dann nachkommen, aber wann? Nachhut ist immer eine kritische Sache, deutlich ausgedrückt ein Himmelfahrtskommando. In der neuen Stellung finden wir lediglich Schützenlöcher vor. Mit anderen, uns natürlich unbekannten Einheiten, bilden wir einen Halbkreis um einen provisorischen Hafen am Kap Chersones.

12. Mai 1944, 02:00 Uhr, unsere Kameraden sickern durch unsere dünn besetzte Linie. Mir rieselt, wie es bei Nachhuten immer ist, ein leiser Schauer über den Rücken. Und es ist immer die gleiche Frage, hat der Russe etwas gemerkt, oder bleibt es ruhig bis auch wir abgezogen werden. Ich gehe vorsichtig meinen Zug ab. Da sitzen sie nun in ihrem ersten Einsatz gleich in einer der übelsten Situationen. Die Jungens wissen vermutlich kaum, wie aussichtslos unsere Lage sein kann - oder schon ist. Vielleicht ist es gut so. Die Zeit kriecht dahin, vereinzelt Ari – Feuer, und ab und an Gewehrschüsse. Gegenüber der letzten Nacht ist es ausgesprochen ruhig. Die Nerven sind bis aufs äußerste gespannt.

Mit weichender Nacht hebt sich in der Ferne die Weite des Meeres von der Landmasse ab. Wie verloren liegen einige dunkle Punkte auf dem endlosen Spiegel, es müssen Schiffe sein - unsere Schiffe? Vor unserer Linie bleibt alles ruhig, aber was geschieht dort links von uns? Eine dunkle Masse schiebt sich heran wie aufkommender Nebel, eine fließende Bewegung. In der noch herrschenden Dämmerung ist nichts Genaues zu erkennen. Da höre ich Rufe, undeutlich erst, dann ganz klar: Nicht schießen. Was bedeutet das? Deutsche Truppen und in der Menge? Da erkenne ich unter den sich nun deutlicher abzeichnenden Personen die leuchtenden Mantel-Aufschläge eines Generals, das rot leuchtet auch ohne Sonne. Geyer, stellen sie fest, was das bedeutet. Geyer arbeitet sich vorsichtig zurück. Ein banges Ahnen kriecht mir in den Magen, da stimmt etwas nicht. Geyer kommt zurück, sch .... , jetzt haben wir den Salat. Bei der Nachbar-Division sind keine Schiffe zur Stelle. Jetzt hoffen sie, bei uns welche zu finden. Und wo sind unsere Schiffe?, Geyer hat am Hafen sehr viele Truppen gesehen, aber keinerlei Anzeichen, daß Verladen wurde.

Inzwischen ist es 06:00 Uhr geworden, die Hölle bricht aus, der Ivan trommelt. Er trommelt mir jedes Denken fort, jetzt fiebern alle Nerven dem Moment entgegen, an dem das Feuer zurückverlegt wird, dann greift er an. Wie mag es jetzt hinter uns aussehen. Dort befinden sich viel zu viel Truppen auf engem Raum. Der Boden ist zumeist felsig, eingraben kaum möglich. Damit ist der Gedanke an eine weitere Verteidigung illusorisch. Was bleibt also? - das Ende, aber wie, welches Ende steht uns allen hier bevor? Es ist nicht möglich einen klaren Gedanken zu fassen. Die Situation ist so, daß man nur auf etwas warten kann, daß unsererseits nicht mehr zu beeinflussen ist.

So sinnlos es auch ist, die Gedanken kreisen immer nur um das Warum. Da lösen wir uns aus Stellungen, die wir gut noch einige Zeit hätten halten können, da sind keine Schiffe am Hafen. Wer kann einen Befehl geben, der von vornherein ins Leere führt? Und wir hier hängen hier total in der Luft, haben keine Anbindung mehr an eine höhere Dienststelle. Die Entscheidung liegt jetzt bei jedem selbst. Erst einmal schicke ich Geyer fort, er soll versuchen, sich durchzuschlagen. Wenn überhaupt noch eine Möglichkeit besteht, soll er sehen mit auf ein Schiff zu kommen, um drüben zu berichten, wie man uns hier verkauft hat.

Wir sitzen noch in unseren Löchern, ringsum Einschlag auf Einschlag. Auf dem felsigen Boden hat es eine ganz rasante Splitterwirkung. Trotzdem muß ich jede kleine Feuerpause nutzen, um von Loch zu Loch springend Verbindung mit meinen Leuten und auch den Nachbarn zu halten. Meine Jungens sind in einem erbärmlichen Zustand. Das Trommeln aus vielen Ohren hat sie entnervt. 18, 19 Jahre sind sie alt und es ist ihr erster Einsatz - wie alt bin ich? Auch erst 21 und komme mir schon so alt vor.

Bei einem meiner kurzen Sprünge verspüre ich einen Schlag am Knie. Die Untersuchung im engen Schützenloch fördert einen zwischen Reitbesatz und Stoff eingeklemmten Splitter hervor. Glück gehabt, was wäre, wenn der im Knie säße?

Die Sonne steigt. Um 09:00 Uhr hört der Beschuß auf; jetzt heißt es aufpassen, sie werden kommen. Vorsichtig tasten T 34 durchs Gelände. Und wir liegen ohne Verbindung nach hinten zu schweren Waffen, allein auf unsere Maschinengewehre und Gewehre angewiesen, Gewehr gegen Panzer? Es ist eben aus, aber einfach aufgeben? Kampflos?
Vielleicht ist es doch noch möglich, die nächste Nacht zu erreichen. Der Absetzbefehl gab im Schlußsatz den Hinweis, daß

diejenigen, die aus irgendwelchen Gründen zurückbleiben würden, unterhalb der Steilküste die Nacht abwarten sollten. Schnellboote würden die Küste abfahren und auf Blinkzeichen hin soweit herankommen, daß man übersteigen könne. Also heißt es auszuhalten und zu versuchen, die Nacht zu erreichen. Der letzte Versuch ---

Gegen 11:00 Uhr bricht die Verbindung nach rechts ab. In unserem Rücken steht eine 8.8 Flak. In der Nähe des Geschützes ist viel Bewegung. Seitens der Russen ist nur sehr vorsichtiges Tasten zu bemerken. Ab und an einige Schüsse, dann wieder Ruhe. Er scheint zu warten, daß unsererseits etwas geschieht. Vielleicht sind sie sich aber auch so sicher, daß wir erledigt sind, daß sie eigenes Blut vergießen vermeiden wollen. Nur die Ja-Bos Kurven ständig herum, sie allein können vermutlich die Lage überblicken. Mein linker Nachbar sagt, daß auch er eine offene Flanke hat. Wir beschließen, uns in Richtung Flak zurückzuziehen. Einzeln springen wir zurück. Die Bewegung wird natürlich bemerkt und bringt Gewehrfeuer. Auch ein MG tackert seinen langsamen Takt. Der felsige Boden läßt die Querschläger singen. Sphärenklänge schon jetzt?

Wir erreichen einen Ring, der sogar durch einen sich rings um die Flakstellung ziehenden Graben gebildet wird. Er mag einen Durchmesser von ca. 100 Metern haben. Rechts an der Steilküste angelehnt, liegt das Gelände etwas erhöht, so daß wir das Vorland gut überblicken können. Überall ein Chaos von militärischem Gerät. Mit einem Feldwebel einige ich mich über den Verteidigungsabschnitt, jeder bringt einige Leute in Laufgräben in Reserve, sie sollen versuchen zu schlafen. Ein sinnloses Beginnen? Gewiß, aber es gibt immer noch die Hoffnung auf die Nacht und die Schnellboote. Ein Strohhalm nur.

Panzer haben unseren Ring eingeschlossen. Jede Bewegung wird mit gezieltem Feuer beantwortet. Aber auch die Jungs an unserer Flak sind nicht untätig, Munition scheint genug vorhanden. Die Panzer werden damit auf Abstand gehalten und Infanterie wagt sich nicht vor. Ein manövrierunfähig geschossener Panzer feuert sehr gezielt auf die Grabenkante; Volltreffer neben mir, meine MG Besatzung. Ich kenne nicht einmal ihren Namen. Uffz. Brandt will noch helfen, vorbei –

Über Stunden sind wir jetzt schon hier. Die Flak ist immer noch einsatzfähig, es grenzt an ein Wunder. Eigenartig auch, daß die Ja-Bos noch nicht auf dieses Ziel angesetzt wurden. Die Sonne brennt vom wolkenlosen Himmel, Wolken gibt es nur auf der Erde, Qualm überall. Zeit ist kein Begriff mehr, es geht nur ums Aushalten bis zur Nacht. Wieder versucht ein Panzer auf den Ring zuzurollen, er kommt sogar ziemlich nahe heran. Es ist unheimlich, die Bewegung seiner Kanone und der MG in greifbarer Nähe vor sich zu haben. Neben mir liegt eine Panzerfaust, soll ich? Da hat die Flak mir die Entscheidung abgenommen. Sein Drehkranz scheint beschädigt. Der Panzer rollt langsam zurück, aus starrer Kanone feuernd.

Irgendwann am Nachmittag scheint die Flak-Munition verschossen, oder die Bedienung ist ausgefallen. Schließlich lagen sie stundenlang im Feuer der Panzer. Links im Graben kommt Bewegung auf. Die Kameraden steigen aus der Deckung und laufen auf die Küste zu. Es ist nicht auszumachen, was sie dazu veranlaßt hat. Vielleicht ist es Panik, Verzweiflung - ein Befehl kann kaum ergangen sein, wo sollte er herkommen. Wie eine Lawine kommt es über die Standhaften, die diesen letzten Ring gehalten haben. Es gibt nur noch ein „rette sich wer kann", der letzte Versuch, wenigstens eine kleine Gruppe zusammenzuhalten mißlingt mir, die Panik hat alle erfaßt. Der heftig einsetzende

Beschuß zwingt zum ständigen Hinlegen, Sprung auf und wieder liegen. Ich erreiche die Küste und stehe am Steilhang. Neben mir ragt ein Leuchtturm auf. Auf dem weiten Meer ist kein Schiff zu sehen. Wie soll ich jetzt die Nacht erreichen?

Ich sehe ein Ruderboot mit drei Mann besetzt, ein Floß, auf dem ich vier Mann zähle, weiter draußen einige kleine Punkte. Ein Floß? Neben mir liegt eine Tür, es mag eine Tür des Leuchtturms sein. Ich entleere zwei Benzinkanister, Draht liegt genug herum. Die Fässer an die Tür binden, das Ganze auf einer schiefen Ebene nach unten rutschen lassen und rein ins Wasser. Ein Brett als Paddel muß gehen.

Der kalte Wind weht aus West, drückt auf Land zu. Obwohl die Brandung gering ist, muß ich das Floß erst einmal weit hinausschieben. Schließlich bin ich bis zur Brust im Wasser und steige auf. Das Floß wird überspült, ich sitze im Wasser, aber es schwimmt. Das Paddeln ist mühsam, wird in der ruhiger werdenden Dünung dann etwas leichter. Jetzt bin auch ich einer der kleinen Punkte auf dem großen weiten Meer. Das mit vier Mann besetzte Floß hebt sich gegen die Sonne deutlich vom Horizont ab. Die Sonne strahlt, gibt aber keine Wärme, nur die Anstrengung des Paddelns hält mich warm. Beine und Unterleib werden im Wasser eiskalt. Werde ich bis zum Abend durchhalten können?

Auf der Steilküste fährt ein Panzer auf, Ja-Bos fegen im Tiefflug über das Wasser und beharken Flöße und Boote weit draußen mit MG-Garben. Wo ist da noch eine Chance zu entkommen? Jetzt peitschen auch Gewehrschüsse auf. Auch neben mir zischen die Geschosse sirrend ins Wasser, sie haben mich im Visier. Es war alles umsonst. Ein Schüttelfrost überfällt mich, ich gebe auf. Lang auf dem Floß liegend lasse ich mich treiben und ergebe mich dem Schicksal. Wieder schießt ein Panzer und im dumpfen Grollen des Abschusses sehe ich das mit vier Mann besetzte Floß durch die Luft wirbeln. Fest schmiege ich mich an meine Tür, mögen sie denken, ich sei nicht mehr am Leben. Die See wird unruhig, ich bin in der Brandung, bald bin ich an Land, die Entscheidung muß fallen. Ich lasse meine Kartentasche mit Bildern und Briefen - Mutter, Vater, Annemie - nicht zu denken beginnen - den Wehrpass, die Pistole ins Wasser gleiten und sehe sie noch eine Weile im klaren Wasser hinab schweben. Ich rutsche vom Floß und stehe wie vorhin bis zur Brust im Wasser. Langsam arbeite ich mich auf die Küste zu, keine Empfindung, keines Gedankens mehr fähig, leergebrannt, total am Ende. Heute ist der 12. Mai, in einer Woche wäre ich 22 Jahre alt geworden ---

Woina Plenni

Wie im Traum erreiche ich das Ufer. Zwei Russen stehen zu meinem Empfang bereit. Einer, ca. 20 Jahre alt, schlägt einmal kräftig zu und reißt mir dann ein Schulterstück herunter. Der Versuch, auch meinen silbergestickten Hoheitsadler abzureißen mißlingt, er muß sich mit einem Flügel begnügen. Meine Reitstiefel stechen ihm als nächstes ins Auge, unter stetem Gebrüll: Hitler kaputt, woina kaputt, rapporta, rapporta; zieht er mir die Stiefel aus.

Ich sitze in einer Felsnische, sie ist windgeschützt und endlich spüre ich die Wärme der Sonne wieder. Der zweite Russe, ca. 40 Jahre alt, hat sich bisher zurückgehalten, ich habe sogar den Eindruck, daß er mit den Maßnahmen des anderen nicht einverstanden ist. Er reicht mir eine Dose deutsche Schweinefleisch-Konserve und dazu eine Gabel. Fassungslos beginne ich zu essen. Es ist lange her, daß wir etwas zu Essen hatten und ich schlinge, als sei ich halb verhungert. Das Auftreten dieses Mannes gibt mir Mut und Hoffnung glimmt auf, der Lebenswille erwacht wieder. Noch bin ich jung und gesund, da geht es vor allem die Gesundheit zu erhalten, mag kommen was will.

Ich deute auf ein Paar Stiefel, die in meiner Nähe liegen und mache eine fragende Gebärde. Er nickt und ich versuche sie anzuziehen, sie passen. Im Schaft ist ein Loch, sehr hart sind sie auch, aber auf dem felsigen Boden kommen sie mir gewiß gut zu statten. Der Soldat deutet auf mein zweites Schulterstück, viel verstehe ich nicht von seinen Worten, begreife jedoch, daß er meint, ich solle es entfernen. Ich stecke es in eine Felsspalte. Dieser ältere Soldat scheint ein gutes Herz zu haben, sicher meint er, daß mit dem Entfernen der Rangabzeichen meine Überlebenschance steigt.

Tausend Gedanken schwirren mir durch den Kopf, aber schließlich konzentriere ich mich darauf, daß ich jetzt nur noch voraus denken darf, das heißt, vorsichtig sein, stets wachsam, alles sehen, alles hören und auf die Gesundheit bedacht sein.

Dann kommt der Moment, da mich das erste „Dawai" in Bewegung setzt. Mit dem Hinweis auf einen Pfad, der an der Küste nach oben führt, werde ich ins Land der großen Ungewißheit hineingeschickt, dawei! Wie lange wird mich dieses Wort begleiten? Auf der Höhe angekommen tritt ein Offizier auf mich zu, blaue Paspel, ich glaube, es hat mit Technik zu tun, vielleicht ein Ingenieur. Meine beiden Ivans rufen ihm zu, daß ich Offizier bin, meine Uniform haben sie ja um die Erkennungszeichen bereinigt. Der Kapitän fragt nach Dienstgrad und Truppenteil, klopft mir auf die Schulter und sagt: Woina kaputt, Hitler kaputt und reicht mir eine Flasche französischen Cognac. Nachdem wir beide in aller „Freundschaft" einen kräftigen Zug genommen haben, deutet er nach Osten, dawai.

Ich ziehe los, wieder durch Berge von intaktem und zerstörtem Kriegsmaterial, weit und breit kein deutscher Landser zu sehen. Auf dem Wege finde ich einen dicken deutschen Fahrermantel, er hat ein dickes schwarzes Wollfutter und wenige Schritte weiter hebe ich einen Brotbeutel mit Handtuch und Löffel und ein Kochgeschirr ohne Deckel auf. Nach ca. 200 Metern komme ich an einem Haufen Soldaten vorbei, die sich mit den herumstehenden deutschen Fahrzeugen befassen. Einer von ihnen ruft mich heran und verlangt meine Tarnhose, die ich über der Reithose trage.

Ich streife sie ab und - mir bleibt das Herz fast stehen, darunter habe ich noch meine zweite Pistole, eine von Kaliber 6.35, ich hatte sie vergessen. Wütend reißt er sie an sich, eiskalte Schauer jagen mir den Rücken herunter, bange Sekunden stiert er mich an, dann die Pistole, dann wieder mich - sein Blick bekommt ein Leuchten, Frage: Parabellum ?, ich: da. Er hebt die Pistole und zielt in die Luft und ich kann nur noch zählen, eins, zwei, drei bis sechs, Gott sei Dank, sie ist leer. Nur langsam erwache ich aus der Erstarrung und beginne wieder normal zu atmen. Der Russe betrachtet das „Spielzeug" noch einmal und wirft es fort.

Jetzt tritt einer an mich heran, der in einem 170er Mercedes an den Knöpfen gespielt hat. Er deutet auf den Wagen und ich nehme an, daß ich es probieren soll, ob er läuft. Ich also hinein und versuche zu starten, klarer Fall, die Batterie ist leer. Ich öffne den Motorraum und zeige ihm die Batterie, das checkt er, erholt ein Tau, bindet den Wagen hinter seinen Lkw, beordert mich ans Lenkrad und los geht´s. So sause ich als „Herrenfahrer" im eigenen Mercedes über die holprigen Wege des Kap Chersones. Das Tempo ist haarsträubend, der Staub entsprechend. In der Nähe eines Truppenteils hält der Fahrer, schnappt sich mein Kochgeschirr und geht Wasser holen. Die Brühe, mit der er zurückkommt ist nicht gerade sauber zu nennen, aber wir trinken sie friedlich miteinander aus.

Plötzlich Lärm, Motorengeräusch von oben, Flag unten. Eine HE 111 hat sich zu weit oder auch zu tief gewagt, was weiß ich. Um uns herum bricht ein Höllenlärm aus, wo ich hinsehe wird geschossen. Flag, MG auf Dreibein und auch Gewehrfeuer; mit Erfolg. Die Heinkel zeigt Feuer und stürzt ins Meer. Durch die wieder eintretende Ruhe tönt das Johlen des Ivans. Wieder ein Erfolg, ein Grund mehr, den Beständen deutscher Marketenderware eifrig zuzusprechen.

Ich befürchte, im Trunk können sie gefährlich werden und bin froh, daß die Fahrt weiter geht. Meine Reise endet in einem Pulk Soldaten, vermutlich der Truppenteil meines Fahrers. Kaum, daß ich dem Wagen entstiegen bin, stürzt sich wieder einer auf meine Stiefel, die Ersatz-Garnitur. Mein Fahrer jedoch will es nicht zu lassen und es entspinnt sich eine heftige Debatte, die sogar in einer Rangelei ausartet. Ein Dienstgrad kommt hinzu und entscheidet, ausziehen. Mein Fahrer entfernt sich fluchend, ich bin meine Stiefel los, nitschewo.

Ich stehe da und fühle mich hilflos und verlassen, noch ist es so schwer, die Wirklichkeit zu verarbeiten. Eine große Leere ist in mir, es ist eine Situation, für die der Soldat keine Erfahrung mitbringt und in der keine HDV helfen kann.

Ich sehe mich um und erblicke auf der Anhöhe eine verschwommene graue Masse, meine Kameraden, flankiert von russischen Bewachern. Meine „Betreuer" deuten in die Richtung, dawei. Ich ziehe dahin, befreit von meinem Schuhzeug, auf Strümpfen, aber eingepackt in einen warmen Mantel. Da liegt nun das verratene Heer, umgeben von einer lockeren Postenkette. Wie ich in den Pulk hineingehe, schnellen zwei Arme hoch und zehren mich auf den Boden. Eine vertraute Stimme klingt mir entgegen, Herr Leutnant, haben sie noch irgendetwas an sich, daß sie als Offizier verraten kann? Schröder ist es, mein Unteroffizier, welch glücklicher Zufall.

Während ich meine Koppel mit der auffallenden silberfarbenen Dornenschnalle in eine Felsritze zwänge, berichtet er: Von unserem letzten Verteidigungs-Igel aus ist er direkt in Gefangenschaft geraten und hat den Weg, den ich gefahren bin, natürlich zu Fuß zurückgelegt. Die Kolonne wuchs auf dem Weg nach hinten stetig an, von allen Seiten wurden kleine Truppen herangeführt. Während der lange Zug dahin marschierte, kamen betrunkene Russen teils johlend und grölend heran und holten die Offiziere aus der Kolonne heraus. Erst später wurde bemerkt, daß es sich jeweils um Artillerie-Offiziere handelte, erkennbar an der roten Paspelierung. Sie wurden in Richtung Steilküsten-Kante getrieben, wie Hasen mit Schüssen gejagt. Man konnte sehen, daß sie, wenn sie nicht schon vorher zusammenbrachen, sich in die Tiefe stürzten. Bei der Höhe der Küste kann keiner den Aufschlag überlebt haben. Alle sind erschüttert über die Brutalität, die die russischen Soldaten da in alkoholisiertem Zustand an den Tag legten. Vermutlich galt ihre Wut den Artilleristen, weil die ihnen natürlich mehrere Verluste beigebracht hatten als die Infanterie.

Aus unserem Bataillon finden wir uns mit fünf Mann zusammen. Wer kann wissen, was aus den anderen geworden ist. Wir sind eine kleine Gruppe in einer unübersehbaren Menge. Unter viel Gebrüll und Fluchen wird dieses geschlagene Heer bei Einbruch der Dämmerung aufgejagt, es geht weiter landeinwärts.

Den Marsch dieser Nacht überstehe ich ohne bewußtes Denken, ohne das Gefühl von Kälte oder irgendeinem Schmerzempfinden in den Füßen oder den Beinen. Wir werden ständig in Bewegung gehalten, es gibt keine Pause, geht immer vorwärts. Irgendwann ist im Licht von Lagerfeuern ein Tümpel da, vermutlich ein Bombentrichter, Wasser! Die Masse wälzt sich an ihm entlang, teils hindurch und jeder versucht, teils mit den Händen oder auch mit der Mütze, Wasser zu schöpfen. Dawei, dawei --- gesprochen wird kaum. Erst im Morgendämmern erwachen Stimmen. Krim-Leute, die jetzt die Gegend erkennen, sprechen von einem irren Weg, den man uns getrieben hat. Es ging irgendwie immer im Kreis herum, vermutlich sollten wir nur in Bewegung gehalten werden. Jetzt aber geht es flott voran. Über eine

Höhe gelangen wir an einem tief eingeschnittenen Naturhafen, Balaklava. Ein Brunnen, großes Gedränge, Schläge der Posten, weiter.

Es geht um das Hafenbecken herum, vor den Häusern stehen Soldaten und machen höhnische Bemerkungen. Es geht wieder bergan, glühende Sonne strahlt, die Hitze fängt sich am Berg. Ich finde ein Stück Draht und Dachpappe. Nachdem meine Strümpfe sehr bald zerfetzt waren, habe ich das gefundene Handtuch zerrissen und mir Fußlappen um die Füße gewickelt. Jetzt wird die Pappe zur Sohle und mit dem Draht befestigt. Meine Füße brennen, was mögen die Kameraden erst empfinden, die barfuß laufen? Mit der steigenden Sonne wird der Durst immer schlimmer. Nur manchmal verspüre ich einen leichten Hauch, der vom Meer herüber weht - Heimatluft! Der Gedanke macht den Weg nicht leichter.

Über der endlos scheinenden Kolonne liegt eine riesige Staubwolke. Auch die Posten schlurfen nur noch müde nebenher, längst schon sind ihnen die Flüche in der Kehle eingetrocknet. Bei jedem Tempel am Wege gibt es ein hastiges Schieben und Drängen. Der Durst sieht die Trübe des Wassers nicht und läßt auch keinen Gedanken an mögliche Folgen eines solchen Trunks aufkommen. Irgendwo endlich eine Buschgruppe. Wir haben den Eindruck, ziemlich weit vorne zu sein und machen eine Pause. Zaghafte Gespräche, banges Fragen, was wird werden?

Einer wirft die Frage auf, ob es richtig sein wird, sich als Offizier zu erkennen zu geben. Meine Erfahrung mit der Empfehlung, die Dienstgradabzeichen zu vernichten und das Schicksal der Artilleristen gibt fürwahr keinen Mut, es zu bekennen. Oberst Eigenbertz macht dem Gespräch ein Ende. Man soll sich schämen, diesen Gedanken überhaupt zu diskutieren. Meine Leute, Uffz.

Schröder und zwei Gefreite raten jedoch weiter zur Angabe eines anderen Dienstgrades.

Wir raffen uns auf und ziehen weiter. Wieder neigt sich der Tag und die Nacht zieht herauf. Es gibt keinen Halt, es geht immer weiter, immer weiter. In dieser Nacht ist es nicht nur Dawei-Geschrei, das uns treibt, ab und zu fallen weit hinten Schüsse. Was mögen sie bedeuten? Da heißt es gehen, gehen solange der Körper es irgend schafft.

Ein neuer Tag dämmert. Vor uns liegt ein weites Tal. Jenseits erhebt sich wie drohend das Jaila-Gebirge. Eben kommt die Sonne über den Kamm. Wir nähern uns einem Dorf. Am Straßenrand stehen verwundete russische Soldaten, sie bilden ein Spalier und prügeln mit Knüppeln auf die vorbeiziehende Kolonne ein. Wir beginnen zu laufen, da rechts ein Brunnen. Ich mit dem Kochgeschirr hin, endlich Wasser, klares Wasser. Aber neben dem Brunnen stehen zwei Ivans mit dicken Knüppeln. Die durstigen Kameraden nehmen die Schläge in Kauf, der Durst ist so unendlich groß. Doch was geschieht da, kurz vor mir kommt eine Babuschka an den Brunnen gelaufen. Sie stürzt sich auf einen der Russen, stößt ihn zurück und zetert und wettert, daß die Luft erbebt. Fluchend weichen die Russen zurück und wir können trinken und Wasser schöpfen. Die Babuschka steht wie ein Erzengel, um den Brunnen herum ist eine Zone des Friedens entstanden, eine Mutter für alle Mütter, die in der Ferne bittere Tränen weinen.

Das Dorf ist zu Ende, die Berge scheinen ganz nah, sollten wir dort wieder hinauf müssen? Nach einigen Kilometern tauchen Gebäude auf. Es mögen Stallungen und Scheunen einer Kolchose sein. Das Tempo, ohnehin nur ein müdes Schlurfen, wird noch langsamer. Im Näherkommen sehen wir, daß zwischen den

Gebäuden schon Kameraden hin- und herlaufen. Ein Ziel!, endlich ein Ziel, nicht mehr laufen, liegen können, schlafen, vergessen.

Ein einfacher Draht begrenzt den Komplex, in den auch wir jetzt einmarschieren und umfallen, todmüde, aber nervlich so aufgepeitscht, daß an Schlafen nicht zu denken ist. Eine Gruppe russischer Offiziere tritt an die Masse der liegenden Gefangenen heran. Einer von ihnen ruft in deutscher Sprache: Alle Offiziere vortreten. Es ist so weit, Hoffnung und Angst, Leben und Tod - die Gedanken wirbeln. Was tun? Meine Soldaten sagen, nicht melden. In mir bricht eine Welt zusammen, eine Apathie umfängt mich. Ich stehe auf, gleich was auch geschehen mag, ich bin deutscher Offizier und habe dazu zu stehen. Ein kurzer Abschied von Schröder und den anderen meines Bataillons und schon stehe ich vor einer neuen Etappe auf dem Weg ins Ungewisse.

Verloren schwebt das Leben in Bedrängnis,
erfroren bebt die Seele im Gefängnis.
Im Frost erstarrt wohl jeder warme Hauch,
im Eis erstirbt das schwache Hoffen auch.

Die Sorgen Nächte schwer und ruhelos machen,
der Morgen Müden bringt freudlos Erwachen.
Der neue Tag nur neuen Kummer zeugt
und neuer Not sich schwache Schulter beugt.

Doch in den bangen Kreis dunkler Mitte,
erfüllt sich gnädig ungesprochne Bitte:
Wem Gottes Hand viel Leiden auferlegt,
dem gibt er einen Freund zur Seite,
daß er durchs Leben mit ihm schreite
und mit ihm seine Lasten trägt.

H.St. 1944

21

Am 30. V. 44.

Sehr verehrte Frau, sehr verehrter
Herr Schlüssing!

Ihnen heute diese Zeilen
zu richten fällt mir äußerst
schwer. Ihnen meine herzl.
Anteilnahme an dem Ver-
missen Ihres Sohnes Ltn.
Schlüssing. Er war mir
mein bester Offz in der
Komp. solange ich über-
haupt eine Kompanie führe.
Sein Vorbild und ctungssp-
geist riss die jungen
Soldaten stets mit vor.

Am 9. V. hatten wir die
ehrenvolle Aufgabe nach
Sewastopol zu fliegen.
Ihr Sohn flog mit
einer Ju 52 landete dort
und nahm sofort mit
der ersten besten Truppe
Verbindung auf und
ging über Maxim Gorki
mit seinen Jungens
ins Gefecht. Ein Witz
auf den Lippen und
froher Laune sah ihn
einer meiner Soldaten
abrücken. Dies ist das

23

letzte was ich von ihm gehört habe. Ob er nun gefallen ist oder in Gefangenschaft geraten ist, ist mir nicht bekannt, auch habe ich nichts mehr von seinem Zuge gehört, denn wenn er verwundet worden wäre, dann hätte ich schon Nachricht, dasselbe auch, wenn er von der Ihren untergekommen wäre

Die König, der Ihr Sohn

Angehörte, besteht nicht mehr,
sie hat in der vorigen Woche
am Schwerpunkt im Osten
schwer behalten müssen.
Mit dem tel. Rest bin ich
zu einer anderen Kampfge-
schoben und es geht weiter
bis zum Siege denn das
Blut was bisher geflossen
ist soll nicht umsonst
sein.

Ihnen meine herzlichsten
Grüße und wenn Sie noch
Wünsche irgend einer Art
haben, stehe ich Ihnen gerne
zur Verfügung.

Ihr Paul Gerhard Grohe
Oberleutnant u. Kompanie-Chef.

Vermißt.....

So manches Leid hast Mutter, Du, getragen,
schon oft traf Dich des Schicksals harte Hand,
und heute nun in deinen alten Tagen
hat Gott Dir nochmals schweres Leid gesandt
Dein Sohn vermißt, - - - - - - -

Du hast um mich gebangt in langen Nächten
vielleicht hast Du geahnt, was heute ist,
und magst nun bitter mit dem, Schicksal rechten
warum gerade er vermißt, - -
mein Sohn vermißt - - - - - - -

Ich seh´ Dein Auge sich mit Tränen füllen,
da Du des Briefes bittere Zeilen liest,
seh´in die Hände Dein Gesicht Dich hüllen
mein Einziger im fremden Land vermißt - -
mein Sohn vermißt - - - - - - -

Die Menschen gehen still vorbei und schweigen
Stumm grüßen sie Dein wundes Mutterherz,
es ist, als ob in Ehrfurcht sie sich neigen
vor Deinem Leid, vor Deinem tiefen Schmerz - -
Dein Sohn vermißt! - - - - - - -

Doch Schicksalsfäden sind gar fein gesponnen
Der Tod hat, Mutter, mich noch nicht gewollt,
vielleicht ward ich ja nur von Dir genommen,
weil ich für Dich erhalten bleiben sollt - -
und war vermißt! - - - - - - -

Du magst enttäuscht zu Deinem Herrgott beten
Doch hadre, Mutter, mit dem Schicksal nicht,
einst wird er über Deine Schwelle treten
wie immer noch mit lachendem Gesicht - -
den Du vermißt! - - - - - - -

H.Cl. 1945

26

Der lange Marsch

Lange stehen wir in der Sonne. Vermutlich ist es allen so ergangen wie mir, daß der Entschluß, sich aus der Masse zu lösen, erst einmal Überwindung kostete. Keiner kann zu diesem Zeitpunkt wissen, ob es nicht eine Entscheidung über Leben und Tod sein wird.

Es dauert etwa eine halbe Stunde, bis wir mit ca. 120 Mann vor der Front stehen. Und was geschieht dann? -- Man gibt uns einen Löffel, einen Blechteller und wir dürfen uns einen Schlag „Kasha" aus einer bisher gar nicht bemerkten Feldküche holen. Essen, wie lange haben wir nichts zu essen gehabt.

Wir werden in eine Scheune geführt. Vom Obersten bis zum Leutnant sind hier jetzt abgesondert. Draußen geht die Essenausgabe weiter. In der Scheune erwacht das Gespräch wieder, es wird gerätselt, was weiter geschehen mag. Jedenfalls haben wir erst einmal ein Dach über dem Kopf, haben gegessen und können schlafen.

Mein gleichaltriger Nachbar in der Scheunenecke ist aus Sachsen. Er gehört dem Regiment 170 an, dem auch ich zugeteilt war. Er kennt eine Reihe der bei uns befindlichen Offiziere. Wir sprechen viel miteinander und ich habe das Gefühl, daß er ein Kamerad ist, mit dem ich bei allem, was uns bevorsteht, zusammenhalten sollte. In der Nacht habe ich entsetzliche Leibschmerzen und bekomme Durchfall. Weil es nach dem Trinken von Schmutzwasser vielen so ergeht, werden Tabletten verteilt. Sie haben eine gute Wirkung, wie gut, denn eine Ruhr wäre in unserer Situation entsetzlich.

Am Tage können wir in die Sonne gehen. Ich möchte meinen Reitbesatz abtrennen, um mir die Lederstücke um die Füße zu wickeln. Ich finde ein Stück Bandeisen. Mithilfe zweier Steine hämmere ich eine Ecke scharf, um den Besatz damit abzutrennen, es gelingt mir. Am nächsten Tag fahren Lastwagen auf. Ein Zelt wird errichtet, es ist eine Entlausungs-Anstalt. In Gruppen werden wir in das Zelt geführt, die Kleidung wird in Öfen erhitzt und wir bekommen je einen Zuber mit warmem Wasser. Während der Wartezeit hält uns ein russischer Offizier einen Vortrag über den Sinn dieser Maßnahme. Weil die deutschen Soldaten Läuse und sonstiges Ungeziefer nach Rußland hineingetragen haben, hat die russische Armee diese fahrbare Station für ihre Soldaten schaffen müssen. Um uns alle Gäste des russischen Volkes jetzt auch von diesem westlichen Übel zu befreien, dürfen wir an dieser Errungenschaft russischer Kultur teilnehmen. Hört, hört, lachen könnte man, wenn uns nur danach zu Mute wäre.

19. Mai 1944, mein 22. Geburtstag, wir brechen wieder auf. Vor uns wälzt sich bereits die große Masse der Mitgefangenen durch die Ebene, wir werden auf Abstand gehalten. Unter einer riesigen Staubwolke wenden wir dem Jaila-Gebirge den Rücken. Gar bald ist aber zu merken, daß die Straße ansteigt. Ortskundige wissen, daß auch in der Mitte der Krim erhebliche Höhenzüge liegen. Die Sonne brennt vom wolkenfreien Himmel. Mein Geburtstag, wie verzweifelt werden sie zu Hause meiner gedenken.

Der Staub läßt uns die Berge nur erahnen. Die Straße scheint viel befahren. Militär-Lkw-Kolonnen überholen uns laufend. Die Soldaten beschimpfen uns, andere singen Siegeslieder. Aber es gibt auch andere Kolonnen, Lkw hoch beladen mit Frauen, Kindern und Greisen sowie wenigem Hausrat. Bei einem Stopp erfahren wir, daß es sich um die hier seit langer Zeit ansässigen

Tartaren handelt. Sie waren zu deutschfreundlich und werden jetzt allesamt deportiert, vermutlich nach Sibirien. Sie fluchen nicht, sie weinen; die Krim ist ihre Heimat.

Mit dem Kamm des Berges, den wir um Mittag erreichen, ist die Qual des Tages noch lange nicht überwunden. Zietlow ist total am Ende. Heinz und ich schleppen ihn unter gutem Zureden mit uns. Kein Schatten, kein Wasser. Erst die Dämmerung bringt etwas Linderung. Am Ende der Kolonne fallen Schüsse, Parolen sagen, wer liegen bleibt, wird erschossen. Es kann auch die mit hereinbrechender Dunkelheit steigende Nervosität der Posten sein. Auch die Posten haben den Marsch zu Fuß gemacht, allerdings haben sie gegessen und getrunken. Es ist finsteren Nacht, die Kolonne stoppt; sofort liegen alle auf der Erde. Liegen, ruhen, nichts als ruhen, ausruhen von der Qual. Die Wachsoldaten schreien, fluchen und bitten, ja sie betteln, nur hundert Meter noch Kamerad, 100 Meter. Wir schleppen uns weiter und sie haben nicht gelogen. Eine Scheune nimmt uns auf, hinlegen, schlafen. Der Schlaf will aber noch nicht kommen, die Nerven sind überspannt. Draußen ziehen Militär-Kolonnen vorbei, Lkw, Panzer und auch Pferdegespanne. Die Rotarmisten werden an eine andere Front verlegt.

In der Scheune ist es ganz still. Da beginnt einer der Rumänen, die mit uns gefangen genommen wurden, zu singen. Er hat einen herrlichen Tenor. Es ist ein Lied in einer Sprache, die wir nicht verstehen, aber wohl ein jeder empfindet den Schmerz und die Sehnsucht, die in ihm erklingt - die Tränen hat keiner gesehen.

Am Morgen ist ein Appell. Wir stellen fest, daß wir nur noch Offiziere sind. Die Zählung ergibt jetzt 278 Mann. Vermutlich sind in der Nacht noch andere Gruppen zu uns gestoßen. Tagsüber liegen oder sitzen wir in der Sonne. Von den vorbeifahrenden Lkw Hohn und Spott und immer wieder das langgezogene „Friiitz". Noch eine Nacht verbringen wir in der Scheune, dann geht es am nächsten Morgen weiter. Leute, die die Gegend kennen, sagen, daß wir am 19. etwa 75 Kilometer zurückgelegt haben. Gleich weit soll es jetzt noch bis Simferopol, unser mögliches Ziel, sein. Zu unserem Glück marschieren wir langsam. Um die Mittagszeit wird eine längere Rast eingelegt und es gibt ein Stück Brot und Wasser. Neben einem Gebäude finde ich eine Spiegelscherbe, mein Bild gleicht dem eines verkommenen Landstreicher. Heinz findet Maiskörner, plötzlich hat auch einer Streichhölzer. Auf einem Stück Blech werden die Körner erhitzt und sind so genießbar eine bescheidene Zusatzkost.

Der Marsch geht weiter, Staub und Sonne werden wieder zu unseren größten Feinden. Mit Einbruch der Dämmerung kommt das erlösende Wort, wir machen an einem Bachgrund halt. Ein Stück Brot ist gierig verschlungen, der Bach muß den Durst stillen. Die Nacht zieht herauf, sternenklar. Je mehr Sterne durchkommen, desto intensiver wird der Brückenschlag der Sehnsucht in die ferne Heimat. Wie viele Nächte dieser Art, frierend, wachend, schlafend und von Gefühlen zerrissen werden wir noch vor uns haben. Die aufgehende Sonne und ihre wohltuende Wärme läßt die Gedanken der Nacht verfliegen. Es geht weiter, aber schon nach wenigen Kilometern meldet der Durst sich wieder, Hitze und Staub sind wieder da und es gibt keinen Schatten, in dem man sich wenigstens in den Marschpausen verkriechen könnte.

Gegen Mittag wanken wir durch Simferopol. Hinter einer brusthohen Mauer sehen wir deutsche Uniformen; Sollten wir am Ziel sein? Nein, kein Ziel, keine Rast, es geht weiter. Wir stolpern über ein riesiges Bahngelände voll emsiger Geschäftigkeit. Hier werden die frei gewordenen Truppen verladen, um wieder an die

Front zu fahren. Hinter der Bahn steigt das Gelände an. Mühsam erklimmen wir die Hügel. Der Weg führt durch Obstplantagen, die grade verblüht sind. Kenner sprechen von Aprikosen und Pfirsichen. Da taucht die Frage auf, sollte man uns hier beschäftigen wollen?, gewiß ist der Wunsch der Vater des Gedankens.

Der Weg führt immer höher. Längst liegen die letzten Plantagen hinter uns und wir bewegen uns über eine kahle Anhöhe. Im Sommerglast liegt die Stadt unter uns, vor uns tauchen Gebäude auf. Im Näherkommen sieht es nach einer Kolchose aus, die von einem hohen Drahtzaun umgeben ist. Wir schlürfen mehr, als daß wir gehen; am Tor werden wir gezählt. Dann stehen wir hinter dem Zaun und werden wieder gezählt. Bei der mehrmaligen Wiederholung lernen wir die russische Zielordnung kennen: po piat, d.h. zu fünfen. Nach langem Stehen werden wir in Zehner-Gruppen eingeteilt und können in ein Gebäude gehen. Es ist ein Viehstall. Gruppenweise wird uns ein Platz auf dem Betonboden angewiesen. Ein Platz, an dem man endlich ausruhen kann, mag es sein wie und wo es ist. Und wieder einmal erfüllt sich die einzige Sehnsucht dieser Tage, schlafen, nichts als schlafen und vergessen.

Zwischenstationen

Die Nächte sind bitterkalt, die Tage brennend heiß. Der Durst ist die größte Plage. Der einzige Brunnen ist für die Küche da, er führt so wenig Wasser, daß wir außer der Mittagsuppe abends und morgens nur eine kleine Kelle von einer Art Tee bekommen. Gleich am zweiten Tage müssen wir gruppenweise antreten und werden registriert. Am nächsten Tag beginnen dann die Verhöre. Der verhörende Offizier spricht gut deutsch und fragt nach allem, was man von Gefangenen ebenso wissen will. Ich bin insofern gut dran, weil ich in diesem Kampfabschnitt völlig fremd war. Außer meinem Marschbataillon kenne ich keine Einheiten und keine Namen. Nur bei meinen selbstverständlich fälligen Angaben über die Zugehörigkeit zur DJ, HJ und dem NSKK braust er auf. Er hält mir einen langen Vortrag über die Irreführung, der ich als junger Mensch verfallen bin und um wie vieles besser das Leben in einem kommunistischen Lande ist. Ein Versuch, uns die Vaterlandsliebe und die Ideale unter denen wir aufgewachsen sind, auszutreiben. Im Gegensatz zu einigen anderen, die immer und immer wieder zur Vernehmung gerufen werden, habe ich diesen Druck mit einem einzigen Mal überstanden.

Am vierten Tag Unruhe im Lager, vier Frauen in weißen Kitteln. Was sollen sie hier, sind es Ärztinnen oder Krankenschwestern? Gar bald sollen wir es erfahren. Vier Mann werden in einen Raum geschickt und kommen kahl geschoren wieder. Ein Schock gewiß, aber wer wollte sich dagegenstemmen? Man darf nicht übersehen, daß es für die Russen ein selbstverständlicher Akt der Hygiene ist, denn die russischen Soldaten sind auch alle geschoren. Man sollte es nicht als Erniedrigung werten. Heinz, der vorher unheimlich viel „Wolle" draufhatte, ist kaum wiederzuerkennen. Und so geht es einem mit mehreren Kameraden.

Man sieht jetzt aber auch, wie verdreckt wir inzwischen sind, die kahle Platte bringt es an den Tag. Und es gibt immer noch keine Möglichkeit, sich zu waschen.

In der Nacht spüre ich die Kälte des Betons am Kopf, außerdem zieht es durch die glaslosen Fenster- und Tür-Öffnungen. So darf es nicht weitergehen, krank werden darf ich nicht. Mit meinem aus einem Faßband gefertigten Messer trenne ich eine Wolltasche aus dem Mantel; es ergibt eine prächtige Zipfelmütze. Es ist ein zweites Mal, daß der gefundene Mantel mir gute zusätzliche Dienste leistet. Draußen im Sand habe ich eine Kombizange mit einem abgebrochenen Griff gefunden. Ich schaffe es, sie und mein Messer über die alle zwei Tage stattfindenden Filzungen hinweg zu retten.

Nach einer Woche geht es wieder auf den Weg in Richtung Simferopol. Es ist nichts mit Ruhe und schon gar nicht mit Aprikosen-Ernte. Aber vielleicht gibt es dort, wohin man uns jetzt führt, endlich einmal Wasser. Vor allem Trinkwasser, aber auch waschen wäre dringend erforderlich. O wei! Sind wir schon bescheiden geworden, sich einmal richtig waschen können, ist das Ziel der Sehnsucht.

Im Stadtlager Simferopol, direkt an der Eisenbahn gelegen, werden uns diese Wünsche erfüllt. Es gibt Wasser aus der Leitung, klares, fließendes Wasser. Unsere neue Unterkunft ist ein eingeschossiges Haus mit mehreren Räumen und Holzfußböden. Der Hofraum ist zwar eng, aber er bietet auch Schatten, der auf der Kolchose rar war. Auch hier gehen die Vernehmungen weiter. Die Kameraden, die von einer Vernehmung zurückkommen, berichten von jubelnden Siegesnachrichten seitens der russischen Offiziere. Will man sie damit mürbe machen oder ist es wirklich so, daß die russischen Truppen ständig im Vormarsch sind?

Essen gibt es regelmäßig. Dreimal täglich eine Suppe, manchmal nicht grad gut riechend, und am Abend ein Stück Brot. Das Brot wird jeweils in einem Stück für eine Gruppe, also 10 Mann ausgegeben. Da macht es sich gut, daß ich mir mein Stück Blech geschärft habe. Ich bearbeite es immer wieder mit Steinen, so daß es schon ganz blank geworden ist. Ganz automatisch übernehme ich die Funktion des Teilers. Die Tätigkeit ist unter den hungrigen Augen der Gruppe nicht immer angenehm. Bald haben wir dann auch einen gerechten Weg gefunden, der alle zufrieden stellt. In bestimmter Reihenfolge darf täglich ein anderer das erste Stück nehmen. So hat jeder das Gefühl, an dem Tage zumindest den größten Brocken erhascht zu haben. Eines Tages hat mein Messer einen besonderen Einsatz zu leisten; jede Gruppe bekommt ein Stück Parmesan-Käse, steinhart. Das Messer muß sich Schläge mit einem Stein gefallen lassen, die Verteilung dauert fast eine Stunde.

Es gibt jetzt auch Machorka, ca. eine kleine Pfeife voll pro Mann. Die Raucher, die so lange entbehren mußten, sind überglücklich. Endlich wieder Gift für die Lunge. Den Duft kennen wir bereits von den Posten, er ist nicht grad lieblich zu nennen. In der Nachbargruppe hat einer eine Pfeife gerettet, es bildet sich schnell eine Rauchergemeinschaft zwischen den Gruppen, die Pfeife wandert von Mann zu Mann. Heinz schwelgt in Genüssen, er bekommt meine Portion mit. Im Umkreis beginnt ein reger Handel, Machorka gegen Brot, ist nicht gut.

Am 26. Juni wieder einmal gründliche Filzung. Meine „Waffen", das „Messer" und die unvollständige Zange habe ich noch in einer Ritze verstecken können, die ich natürlich schon lange dafür vorgesehen hatte. Filzung, inzwischen so alltäglich geworden, daß wir uns keine Gedanken darüber machen, ob sie grad dieses Mal eine besondere Ursache haben möge. Und doch sollte sie eine besondere Bedeutung haben. Früh am Morgen werden wir mit viel Geschrei geweckt und müssen „mit alles Bagage" antreten. Zählappell, Suppenausgabe. Das Tor schwingt weit auf. Wir werden über die Gleise getrieben und finden uns vor einem langen Güterzug wieder. Nicht laufen müssen ist gut, wohin jedoch mag er uns bringen?

Nach einem tollen Wirbel, die Luft schwirrt voll russischer Flüche, Hunde bellen, wir finden uns in einem 50 t Waggon mit 88 Mann wieder. 88 Mann, stehen können natürlich alle, evtl. auch sitzen, aber liegen, schlafen - wie soll das gehen? In jeder Waggon-Hälfte gibt es fünf Sitzbretter. Schnell haben wir herausgefunden, daß diese Bretter auch in Kopfhöhe einzufügen sind. Unsere Gruppe entschließt sich, diesen luftigen Sitz einzunehmen. Auf der anderen Seite machen sie es genauso. Damit gibt es am Boden so viel Raum, daß alle liegen können. Wir legen unsere Bretter nach einigen versuchen so, daß sich je ein Brett unter Kopf, Schulter, Hüfte, Knie und Füßen befindet, so können auch wir liegen. In der Breite ist genügend Raum, daß sich jeder nach Bedarf drehen kann.

Als Lüftung hat der Waggon die üblichen kleinen Schieber. An den heißen Tagen ist Luft sehr stickig und in der Nacht zieht ein eiskalter Wind über unsere Körper. Einmal am Tag wird die Tür geöffnet und ein Gefäß mit Suppe hereingegeben, gegen Abend gibt es Wasser mit Teegeschmack, dazu ein Stückchen Brot.

Der Zug rollt und steht im Wechsel, mal lang, mal kurz. Zeit ist für uns kein Begriff mehr, Tage zählen wird bald aufgegeben. Irgendwann kann auch ich endlich dem Druck des Darmes folgen. Die Ausführung dieser Aktion ist nicht nur schwierig, sondern auch unangenehm. Bei der rechten Waggontür ist ein Spalt offen, durch den ein Zinkrohr nach draußen führt, das im Innern des Waggons in einen Trichter ausläuft. Dieser Trichter ist Ziel für jederlei „Geschäft". Weil die meisten Menschen Hemmungen haben, derlei Dinge in der Öffentlichkeit zu erledigen, versucht nun jeder die Nacht dafür zu nutzen. Im Dunkeln ist es mit einem Tasten über Körper und Beine hinweg verbunden, das manches böse Wort auslöst. Wie sehr die nächsten Anlieger des „Örtchens" zu leiden haben, kann man nur erahnen.

Nach einigen Tagen gibt es kein frisches Brot mehr, sondern nur noch Trockenbrot oder Trockenkartoffeln. Beide enthalten sehr viel Jutefasern. Vielleicht ist es gut, daß wir durch das Aussortieren gezwungen werden, das Brot ganz langsam Stück für Stück zu essen. Einmal gibt es Salzfisch-Stücke. Nacht und folgender Tag bringen größte Durstqualen. Da kann das bißchen Tee am Abend auch nicht helfen. Wie wir am Stand der Sonne ablesen können, geht die Fahrt nach Norden. Einmal steht bei einem der oft langen Aufenthalte auf Verschiebebahnhöfen ein Zug mit Zivilisten neben uns. Bei vorsichtiger Unterhaltung durch die Luftklappen erfahren wir, daß es Krim-Tataren sind. Wir gehen die gleichen Wege ins Ungewisse. Wir als Feinde und sie als Kollaborateure. So wird eine ganze Volksgruppe innerhalb des riesigen Reiches einfach umgesiedelt. Sie wissen, daß sie ihre Heimat nie wieder sehen werden, uns bleibt die Hoffnung, daß die Welt uns nicht vergessen möge. Oder sollte es möglich sein, daß dieses endlos weite Land uns einfach irgendwo verschlingt?

Wir stehen wieder auf einem Bahnhof, es mag inzwischen der 10. Tag sein. Da wird unsere Waggontür geöffnet und ein Dolmetscher sagt uns, daß wir gruppenweise zum Waschen gehen dürfen, allerdings nur nackend. Vermutlich haben sie Angst, das sonst noch einer entkommen könnte. So läuft nun Gruppe für Gruppe aus dem Waggon, stürzt sich auf einen Wasserhahn und genießt das kühle Naß. Es ist nur ein kurzes Vergnügen, aber ein unendliches Wohlgefühl, fast eine Orgie. Die Russen stehen und staunen, sie können anscheinend nicht begreifen, daß man um Wasser so viel Wirbel machen kann. Nachher friere ich entsetzlich, aber was bedeutet das gegen den Genuß, endlich wieder sauber zu sein. Beim Einsteigen in dem hohen Waggon merke ich, wie schlapp ich inzwischen geworden bin. Neben dem Hunger wirkt sich sicher auch der wenige Schlaf aus, auf den Brettern und bei ständiger Unruhe kann der Körper einfach keine Erholung finden.

Gelegentlich eines Aufenthalts geht über die Essenträger die Parole um, daß wir in der Nähe Moskaus sind. Sie berichten auch, daß bei einem Halt in der letzten Nacht einer ausgebrochen war. Er hatte sich durch die vernagelte Tür-Öffnung beim Klo-Trichter gearbeitet und war bei einem Stopp abgesprungen. Aber auch die Posten sprangen bei jedem Halt sofort aus den Waggons und ließen ihre Hunde laufen. Gar nicht weit von der Bahn haben sie ihn gefunden. Er soll fürchterlich zusammengeschlagen wieder in den Waggon geschoben worden sein. Über die Insassen des ganzen Waggons wurde eine Verpflegungssperre verhängt. Irgendwer weiß, zu berichten, daß das russische Sperrsystem in derartigen Fällen ganz ausgezeichnet funktioniert. Weit wäre er sowieso nicht gekommen, ist die Meinung. Um den Alarm herum schließen sich mehrere Ringe von Posten über Entfernungen bis zu 50 km. Alle Brücken und Nebenwege werden besetzt.

Unser Beobachter an der Luftklappe berichtet, daß wir durch ein Waldgebiet fahren. Einer erzählt, daß ihm ein Fernaufklärer die Gebiete nördlich Jaroslaw als dicht bewaldet schilderte, der Russe nennt es Taiga.

11. Juli 1944, wir halten auf einem kleinen Bahnhof, die Türen werden aufgerissen, die Postenkette steht bereit, die Hunde sind kaum zu halten, „alles aussteigen mit alles Bagage"! Müde, mit schwerfälligen Bewegungen verlassen wir den Waggon. Der Name des Bahnhofs „Grjasowez" sagt uns nichts.

Die übliche Zeremonie beginnt, antreten, zählen, stimmt nicht, noch einmal - umfallen, liegen. Und wieder einmal wird gefilzt, einige müssen erst geweckt werden, sie sind sofort eingeschlafen. Heinz kämpft um das Brett, daß er seit der Krim als Schachbrett mit sich herumschleppt, schließlich darf er es behalten. Wir marschieren los, die Schritte werden immer schlürfender, wir sind total fertig. Der Weg wird zur Qual, die Posten müssen uns viel Pausen zugestehen. Heide blüht am Weg, der Weg ist sehr sandig, staubig, aber ringsum ist alles grün. Endlich wieder ins Grüne blicken und dann ist ein Lager da. Lager 150, Grjasowez.

Das Lager 150

Ein Tor, filzen, zählen, noch ein Tor, noch einmal zählen, viele russische Uniformen, Russinnen in weißen Kitteln --- dann eine Baracke, pritschen, schlafen ---

Das Erwachen ist umgeben von tönenden Worten. Bei genauerem zuhören stelle ich fest, daß es die wohltönenden Worte eines Antifa-Mitgliedes sind. Ein deutscher Offizier, der im Kommunismus die Seligkeit für alle Völker entdeckt hat. Das also ist die Begründung in diesem Lager, sieht nicht gut für uns aus. Seelenmassage in Menge genossen kann schlimmer sein als Arbeit.

Am nächsten Tag erfaßt uns die Lager-Routine. Unsere Quarantäne-Baracke Nr. 4 ist von einem Extra-Zaun umgeben. Gruppenweise werden wir in die Sauna geführt. Dort wird die Bekleidung unter großer Hitzeeinwirkung entlaust (obwohl zum Glück keine Läuse mehr vorhanden), und wir bekommen einen kleinen Bottich, halb mit heißem Wasser gefüllt.
Dazu gibt es ein 1cm großes Seifenstück. Das Gefühl, wieder einmal richtig sauber zu sein, ist wie ein Geschenk. Da macht es mir auch nichts aus, daß nach der Sauna mein bunt kariertes Hemd nicht mehr dabei ist, es war im Rücken ohnehin gerissen. Schon beim nächsten Appell sehe ich es als Schal am Halse eines Lager-Prominenten – nitschewo.

Die nächsten Tage gehen dahin mit antreten, zählen, registrieren, vernehmen und schlafen. Gegen Abend kommt regelmäßig ein politisch umgeformter Deutscher, oft in Begleitung des russischen Politoffiziers, singt Loblieder auf Väterchen Stalin und läßt Haßtiraden nicht nur gegen die Partei, nein auch gegen alle Kameraden, die noch gegen Rußland im Kampf stehen vom Stapel.

39

Es ist beschämend. Interessant sind erste Gespräche, die wir mit den wenigen Alt-Lager-Insassen durch den Zaun führen können. Bei ihnen handelt es sich fast ausschließlich um Stalingrader, die also bereits 1 1/2 Jahre in Gefangenschaft sind. Neben den ca. 200 deutschen Offizieren sind noch einige Finnen unter der alten Besatzung. Die Küche und die Bäckerei sind fest in der Hand von rumänischen Mannschaften, eine Tatsache, die nicht sehr vorteilhaft sein soll. Verpflegungs-Verschiebung soll sogar in großem Maße üblich sein. Etwa 50 deutsche Mannschafts-Dienstgrade sind außerhalb des Lagers im Stall und in Werkstätten beschäftigt. Die russischen Offiziere und der deutsche Lager-Kommandant sollen sich zumeist korrekt verhalten. Vorsicht ist bei allen geboten, die Abzeichen oder Armbinde des NK oder des „Bundes deutscher Offiziere" tragen; sie sind doppelzüngig und darauf bedacht, sich den Russen anzubiedern.

Die vier Wochen Quarantäne gehen dahin. Wir erleben sie auf rohen Pritschenbrettern, Stroh ist nicht mehr greifbar, es muß erst Erntezeit sein. Wir dürfen uns jetzt innerhalb des Lagers frei bewegen. Die Grundfläche des Lagers ist ein Rechteck, das sich in der Mitte zu einem Bachgrund neigt, die Nurma. Dieser etwas größere Bach wird von einer Holzbrücke überspannt und weitet sich beidseits der Brücke zu kleinen Teichen aus. An einem dieser Teiche liegt die Holzbaracke 10, in die wir im Laufe des Augustes mit wohlgefüllten Strohsäcken einziehen. Die „10" fast auf zweistöckigen Pritschen 180 Mann. Von der Krim sind wir mit etwa 80 Mann, die „Ureinwohner" sind Stalingrader.

Es ist für uns Neue insofern günstig, weil die „Alten" uns über das Lagerleben orientieren können. Eine ausgesprochen markante Persönlichkeit, auch ohne Schuhe mit Fußlappen, ist der schon etwas ältere Mayor v. Neidhardt. Er ist kernig und fern jeden politischen Umfallens. Sein persönlicher Besitz, aber auch seine Last, ist eine Armbanduhr; kaum zu glauben, daß sie bereits manche Filzung überstanden hat. Diese Uhr veranlaßt viele Kameraden, ihn laufend und das sogar in der Nacht, nach der Zeit zu fragen. Gar manches Mal habe ich seine Geduld bewundert. Die anderen Kameraden von der Krim wurden in das alte Klostergebäude verlegt.

Werfen wir einen Blick auf das Lager. Die Lagerstraße verläuft vom Tor aus gesehen von Osten nach Westen und kreuzt die Nurma in etwa 2/3 des Weges. Hinter der Nurma-Brücke erhebt sich nach leichtem Anstieg das große alte Klostergebäude. Es ist ein zweigeschossiger Bau mit hoch aufragendem Dach und sehr verwinkelter, aber doch kompakter Bauweise. Der Blick von der Brücke aus wird auf die einzigen drei Fenster auf dieser Seite gelenkt, es mögen die Fenster einer Art Apsis gewesen sein.

Zurück zum Tor, gleich rechte Hand steht die Baracke 1 für 400 Mann, dann 2 und 3 der Nr. 10 gleich für je ca. 180 Mann und darauf folgt die 4, unsere Quarantäne-Baracke für 400 Mann. Auf der linken Seite sind die 5 und 6 gleicher Größe noch im Bau befindlich. Daran schließt sich bis hinunter zur Nurma eine freie Grasfläche an. Auf der rechten Seite der Straße stehen noch drei der üblichen zweigeschossigen Holzhäuser, 7 bis 9, die der Klosterzeit zuzurechnen sind. Nach Überqueren der Nurma sieht man linker Hand einen kleinen Schuppen, in ihm arbeitet ein Rumäne als Töpfer. Er versorgt nicht nur die Lagerverwaltung, sondern auch die umliegenden Dörfer mit Tongefäßen. Dahinter, direkt an der Nurma, befindet sich die Wäscherei. Hügelan folgt die Kirche, im Abstand in der hinteren Lagerecke ein Geräteschuppen, in dem auch eine Schuhmacherwerkstatt untergebracht ist.

Rechts hinter der Brücke unsere 10 unter hohen Bäumen, in ihrer Nähe ein Erdbunker, der unerläßliche Karzer und ganz in der Ecke die Tischlerei. Hangaufwärts nach der 10 folgt die Sauna, ein voll gekacheltes Gebäude, äußerlich einer Kapelle ähnlich, daß vermutlich schon in klösterlichen Zeiten ähnlichen Zwecken gedient haben mag. Wieder beim Tor beginnend steht rechter Hand ein großer saalähnlicher Bau, das Kulturhaus. Innerhalb der Eingangszone zwischen ersten und zweiten Zaun steht ein zweigeschossiger Bau, in ihm sind die Ambulanz und das Lazarett untergebracht.

Mitte des Sommers bricht die Mittelfront zusammen. Das, was den deutschen Heeresverbänden 1941 gelang, haben die russischen Truppen jetzt erreicht. Sie haben große Heeresteile eingeschlossen und unheimlich viel Gefangene gemacht. Auch wir bekommen Zustrom; im Lager sollen sich nunmehr über 2000 Deutsche befinden.

Jetzt sind wir es, die am Zaun stehen, den man um die erweiterte Quarantäne gezogen hat. Jeder von uns hofft irgendwie ein bekanntes Gesicht zu finden. So treffe ich gleich am zweiten Tag meinen vorletzten Kommandeur. Ich glaube, das Hühnchen, das ich mit Major Gr. zu rupfen habe, fällt unter diesen Umständen viel zu friedlich aus. Es war so, am Tag meiner Verwundung hatten wir einen Großangriff abzuwehren. Wir lagen im Raum Gomel. Nach stundenlangem Bombardement von Flugzeugen und Ari erfolgte ein heftiger Angriff. Plötzlich mußte ich feststellen, daß mein linker Nachbar, eine uns fremde Einheit, nicht mehr in den Gräben war. Somit hatte ich eine offene Flanke, ohne mit einer ohnehin schwachen Kompanie eine harte Nuß zu knacken. Im Nahkampf, der sich zwischen 20 und 40 Metern abspielte, bekam ich einen Kopfschuß. Meine dringende Bitte um Verstärkung wurde nicht beachtet. Erst als ich schon auf dem

Transport zum Verbandsplatz war, kam ein Zug zur Verstärkung meiner Kompanie entgegen. Nachträglich hatte der Kommandeur bereits damals eingesehen, daß er meine Kompanie und mich ganz schön in der Patsche sitzen ließ. Nun denn, jetzt war es für uns beide vorbei und wir führten lange Gespräche über die Zeit unserer gemeinsamen Kämpfe und ich erfuhr, wie es meinem Regiment in den weiteren Kämpfen ergangen war.

Mit dem ausgehenden Sommer, man kann noch draußen sitzen, werden von Mitgefangenen Seminare angeboten. Bei „Mister Lamb" höre ich Englisch, dann gibt es noch Kunstgeschichte, Mathematik und Botanik. Es tut gut, daß man auf diese Weise auf andere Gedanken kommt. Die Tage werde dadurch kürzer und die Nächte, beziehungsweise Abende finden in den wachen Stunden manch anderen Stoff für die Gespräche.

Die Birken heben sich golden von den dunklen Nadelbäumen ab; es heißt, über einen kurzen Herbst sei schnell der Winter da. Jenseits des Zaunes sind Plenni bei der Erntearbeit, sie gehören einer sogenannten Lager-Kolchose an. Das Korn leuchtet golden vor der herbstlichen Kulisse des fernen Waldes. Die Birkenallee innerhalb des Lagers lädt zu einem Spaziergang ein, der allerdings nach 40 Metern am Zaun endet. Dennoch haben Ernst und ich das Gefühl, dort ein Stück Freiheit zu erleben. Der Wunsch einmal der Masse zu entfliehen, kommt unter diesen Bäumen der Erfüllung nah. Ganz abgesehen davon, daß nach dem ewigen auf der Pritsche liegen, die Bewegung unbedingt wichtig ist. Die Gespräche bewegen sich natürlich immer wieder um die Heimat und den Krieg, um das, was dort auch mit uns werden mag. Hier draußen werden sie jedenfalls nicht durch die nervenaufreibenden Vorträge der Antifa-Leute getrübt. Diese Leute sind wie ein Albtraum mit ihren Parolen vom verbrecherischen Dasein, das wir führten und vom großen Glück, daß wir uns hier in den

Gefilden der einzig seligmachenden Sowjetunion wohl geborgen fühlen können. Manchmal bringen diese Eiferer es auch zu einer tragischen Komik, die an ihrer geistigen Verfassung zweifeln läßt. Die Küche hatte sich etwas einfallen lassen. Die herbstlichen Tage bringen uns außer den ersten, äußeren harten Kohlblättern in den Suppen auch schon zarteren Kohl und auch Rüben. Anläßlich der Oktoberrevolution gibt es als Mittagsgericht eine Art Salat: Kartoffeln, rote Rüben, weiße (Wasser-) Rüben und Kohl, gewürzt mit, na was schon, es gibt schließlich nur Salz. Fängt da doch so ein ehemaliger Zahlmeister, heute begeisterter Antifaschist, an, das Essen zu beschwärmen. Er will sich das Rezept geben lassen, um es seiner Frau mitzunehmen. Es ist nicht zu fassen, wie die Verhältnisse einen Menschen aus den Gleisen werfen können. Unsere tägliche Verpflegung besteht normalerweise aus einer Morgensuppe, ca. 2/3 L, immer dünn, im Sommer auf Graupen-, ab August auf Kohl-Basis mit „Glücks"-Inhalt d.h. nur mit Glück bekommt man etwas Dickes auf die Löffel. Die Mittagssuppe soll Fleisch, zumindest in Form von Knochenbrühe enthalten, ansonsten ist sie von gleicher Art wie morgens und abends. Mittags gibt es dazu eine Kelle Graupen-Kasha, einen Brei. Am Abend gibt es das Brot für den Tag, 40 Gramm Zucker und 25 Gr. Fett. Zu unserer größten Überraschung, ja fast Empörung, bekommen wir Offiziere 400 g schwarzes und sage und schreibe 200 g Weißbrot aus feinstem amerikanischem Weizenmehl. Es ist in Rußland eine übliche Einstufung unter den Dienstgraden, die wir in einem kommunistischen Land nie und nimmer erwartet hätten. Und der Unterschied in der Verpflegung bei den zur Bewachung und zur Kommandantur gehörenden Offizieren und Soldaten spricht sich schnell herum. Nur ein Beispiel:

Der Oberleutnant N. aß mit seiner im Büro tätigen Ehefrau zwar im gleichen Raum, jedoch an verschiedenen Tischen. Warum?, zum Kasha bekam der O'lt. einen Löffel voll Sonnenblumenöl, während seiner Frau lediglich einige Tropfen drüber geträufelt wurden, so hat es ein Plenni, der als Putzhilfe im Raum war, gesehen. Und auch das Weißbrot bekommt in diesem Falle selbstverständlich nur der Mann. Hat die Frau, wie vermutlich im Falle unserer Kapitän-Ärztin, den höheren Rang, ist es eben umgekehrt. Jedenfalls ist es aus unserer Sicht eine durch und durch unsoziale Gesellschaftsordnung im sozialistischen Paradies.

Unsere Suppe fassen wir in ¾ L.-Dosen, von denen jeder zumindest eine besitzt. Die Lieferung von Fleisch und Fett für die Küche erfolgt häufig in Form von Schmalzfleisch in 3-l-Dosen. Diese Konserven sind alle amerikanischer Herkunft. Als Herstellerfirma erscheint zumeist die Firma Oskar Maier, Chicago. Der Name wird von uns sehr bald für jede Art von Blechgefäß übernommen. Gelegentlich soll es vorkommen, daß die Dosen mit dem Aufdruck Schweineschmalz Bohnen enthielten, nitschewo.

Der Gedanke, daß die russischen Waffen, ein großer Teil der Nahrung, auch alle Lkw hier im Lager und wer weiß, was sonst noch alles, amerikanischen Ursprungs ist, ist für uns eine niederschmetternde Erkenntnis. Wieder einmal ist es Amerika, daß Deutschland niederzwingt, wenn es am Ende seiner Kräfte angelangt ist. Oft taucht in den Gesprächen die Frage auf, wie wäre es ohne diese Hilfe geworden?

Winter ohne Hoffnung

Am 11. Oktober ziehen wir um ins Haus 12, das ehemalige Kloster Cholm; Raum 3 heißt unsere neue Behausung. Er liegt im Obergeschoß, ist 3-stöckig mit 180 Mann belegt. Im Nebenraum sollen es über 200 sein. Außer diesen beiden gibt es einen Kellerraum, der mit ca. 400 Mann belegt ist, eine finstere Höhle ohne Fenster. Im Hause befinden sich außerdem verschiedene kleine und größere Zimmer. Darin befindet sich die Lager-Verwaltung, die Antifa-Gruppe sowie deren Wohnräume.

Im Rahmen des Umzuges erhielten wir ein weißes Laken sowie einen Kopfkissenbezug, den wir jedoch, weil das Stroh knapp ist, nicht füllen dürfen. Er dient als „Dawei-Sack" für die wenig Habseligkeiten, die jeder besitzt. Alle 10 Tage soll diese Garnitur beim Waschgang in die Sauna umgetauscht werden, wie auch die gewebte Unterwäsche. Das klappt nicht immer, werden es bei der Unterwäsche oft vier und mehr Wochen, so sind es bei der Bettwäsche auch einmal Monate, sagen die alten Hasen. Unser Raum 3 ist also 3-stöckig gebaut, d.h. es befinden sich 3 Pritschen Reihen übereinander. Wir liegen zu Fünfen zwischen 2 Pfosten. Es ist so eng, daß man sich nur zugleich auf die andere Seite drehen kann. Mit einer Gruppe, 10 Mann, haben wir 3 Paar einigermaßen intakte Schuhe, die anderen besitzen nur Holzpantinen.

Der Tag beginnt mit dem Wecken in Form des Rufes, Kaffeeholer raustreten. Einzige Möglichkeit sich zu waschen ist die Nurma. Solange es die Temperatur erlaubt, werde ich diese Möglichkeit nutzen. Drei Mann der Gruppe gehen, je nach Wetter wegen der Schuhe auch einmal mehr, zum Kaffee- und Suppen-Empfang. Im Laufe des Tages werden ständig Kameraden zum Verhör geholt. Zum Appell müssen wir auf der Lagerstraße antreten. Dann noch zweimal der Gang zur Küche und schon ist es mit der „Arbeit" des Tages getan. In der übrigen Zeit liegt man auf der Pritsche, unterhält sich mit den Nachbarn, spielt Schach oder Mühle und auch schon verbotene Kartenspiele mit Holzplätzchen.

Zu unserem Glück hat der Raum eine große Fensterfront, sogar mit allen Scheiben drin, welch Wunder. Folglich ist jede Ecke einigermaßen ausgeleuchtet. Die seelische Belastung macht sich von Tag zu Tag mehr bemerkbar. Man hat einfach zu viel Zeit, über zu Hause, die Kriegslage und die ewig gleiche Frage „was wird werden"? nachzudenken. An jedem zweiten Tag taucht zu allem Übel noch irgendein Antifa-Mensch auf und hält uns Vorträge. So jubelt eines Tages auch einer hinaus, daß am 18. September die Stadt Wesermünde völlig zerstört wurde. Ich brauche Tage, um einmal wieder an andere Dinge, als an diese Nachricht zu denken. Ganz eifrige Fanatiker haben an der Wand eine Skizze gemacht auf der sie nach den 24:00 Uhr-Nachrichten den Frontverlauf nachvollziehen. Wie ich höre, das einmal einer sagt, Gott sei Dank, meine Heimat ist befreit, d.h. von den Russen erobert, könnte ich weinen oder den Kerl verprügeln.

Der allgemeine Zustand bewirkt natürlich auch, daß die Gier nach dem Essen immer größer wird. Ich weiß, daß mir neun wachsame Augenpaare auf die Finger sehen. Bei einem der Kameraden habe ich eine primitive Waage gesehen. Da packt auch mich der Drang, mir ein solches Stück zu basteln. Suchend laufe ich durchs Lager und finde auch bald brauchbare Teile für das geplante Werk. Wenn mein Messer auch reichlich grob ist, kann ich das Holz doch einigermaßen damit bearbeiten. Alter Draht für Verbindungen liegt überall herum. Als Gewicht dienen Steine, die ich nach einigen Versuchen für die in Frage kommenden Gewichte austariert habe. Und dann ist der Tag gekommen, an dem auch wir in der Gruppe unsere Portion mittels Waage gerecht aufteilen können. Selbstverständlich wird weiterhin auch die Reihe ausgesucht. Wenn das Gewicht auch gleich ist, bemißt der Plenni den Wert der Kantenstücke anders als bei den mittleren Stücken. Unsere in Formen gebackenen Brote sind an den Ecken eventuell besser ausgebacken, als in der Mitte, die eventuell noch mehr Feuchtigkeit aufweist. So wählen die ersten beiden immer ein Kantenstück.

Ein Stückchen Brot, - du weißt, was es bedeutet.
Doch hast du früher drüber nachgedacht,
als es mit Wurst und Butter zubereitet
dir täglich auf den Tisch gebracht?
Du mahnst es hin, ohn' viel zu überlegen,
was galt dir denn schon eine Schnitte Brot ?;
heut ist das Brot für dich als Gottessegen,
du lerntest schätzen erst in der Not.

Ein Stückchen Brot, - nie sollst du es vergessen,
wenn einmal wieder du zu Hause bist,
wie du mit Andacht hast dein Brot gegessen,
wie heilig es dir hier gewesen ist.
Was du dir still geschworen hast zu halten
Gedenken stets im Glück der Zeit der Not.
Lehr'du dein Kind schon früh die Hände falten:
„Gib, lieber Gott, uns unser täglich Brot"

Herbert Wegener

Der tägliche Appell wird oft zu einer langwierigen Nervenqual. Grundsätzlich fällt es den Zählern oft schwer, mit dem Ausrechnen der Fünferreihen zurecht zu kommen. Da gibt es leicht ein langes Palaver unter den beteiligten Zählern, bis das ganze schließlich mit einem „nitschewo" abgetan wird. Jede Woche fast kommen fremde Offiziere mit zivilen Frauen ins Lager. Wir müssen dann die fünf langen Reihen auseinanderziehen, so daß man hindurchgehen kann. Dabei sehen die Offiziere und auch die Frauen jeden einzelnen Plenni genau an, und ab und an wird einer auf die Kommandantur beordert. Dort wird er dann vernommen, viele haben wir nicht wiedergesehen. Die Zurückgekehrten erzählten, daß man sie auf eine bestimmte Einheit, in Verbindung damit auf einen bestimmten Frontabschnitt und die dort befindlichen Dörfer festlegen wollte. Wir vermuten, daß ihnen Verbrechen gegen die Zivilbevölkerung nachgewiesen werden sollten.

Der Appell findet auf der Lagerstraße vor einem kleinen Platz am „Kulturschuppen" statt. Den Platz krönt im Sommer ein Blumenbeet, das mit roten Fuchsschwänzen bepflanzt war, die „lieben" Antifa-Leute haben es natürlich in Form eines Sowjetsterns angelegt. Wie gut, daß überall sonst im Lager und auch jenseits des Zaunes Wiesenblumen blühen. Am Rande des Platzes stehen zwei Anschlagtafeln für Bekanntmachungen der Lagerleitung. An einem Ahornbaum hängt ein Stück einer Eisenbahn-Schiene. Ihr Klang ruft uns nicht nur zum Appell, sie erschallt auch als Weckruf.

Nach drückenden Nebeltagen, kaum ‚daß wir die Verse:
    „Herbst ist gekommen, Frühling ist weit –
    gab es denn einmal selige Zeit ---"
rezitierten, ist der Winter da.

Der Winter verbannt uns ganz in die Enge des Hauses. Haben wir bisher aber über diese Enge geschimpft, stellen wir jetzt fest, daß sie uns Wärme bietet. Einen Vorteil hat unser Raum 3 noch, er liegt über der Lager-Bäckerei und deren Schornstein verläuft unmittelbar vor dem Fußende unserer Pritsche. In den anderen Unterkünften und den Baracken wird nur sehr mäßig geheizt, das Holz ist knapp. Dort frieren die Kameraden ganz ungemein unter ihren Woll- ja oft nur Baumwoll-Decken. Die Frage ist nur, ob die Wanzenplage bei uns größer ist als in den kalten Räumen. Denn kaum, daß um 01:00 Uhr das gesamte Lagerlicht erlischt, nur die Scheinwerfer entlang des Zaunes strahlen in tödlicher Drohung, fallen die Wanzen in Massen über uns her. Man mag die Decke noch so fest über den Kopf ziehen, sie finden das Blut, das sie suchen. Ich bin dabei noch gut dran, außer einfachen Quaddeln zeigt sich auf meiner Haut keine Folge. Viele Kameraden jedoch haben entzündete Stellen am Körper, die laufend mit Kalzium-Permanganat eingepinselt werden. Sie gäben eine Clownerie ab, die allerdings mehr traurig als zum Lachen ist. Sobald es am Morgen hell wird, kriechen die Quälgeister zurück in ihre Schlupflöcher, die Fugen der Pritschen. Ihr typischer Geruch aber hängt wie eine Drohung im Raum und erinnert, daß sie für ihre nächste Nacht einsatzbereit sind.

Appelle finden jetzt auch in den Buden statt, eine recht komplizierte und langwierige Sache bei den beengten Verhältnissen. An manchen Abenden findet sich einer, der einen Vortrag hält. Ein Studienrat, Stalingrader, der hier bereits zwei Sommer erlebte, schildert uns die das Lager umgebende Landschaft, andere bringen Interessantes aus ihren Fachbereichen. Natürlich müssen derartige Vorträge vorher im Politbüro abgesegnet werden. Wir aber genießen es sehr, einmal andere Töne als politische Haßgesänge zu hören. Hoffentlich finden sich noch mehr Vortragswillige aus dem teils hochgelehrten Stand unserer Stabsoffiziere.

Die Arbeitskommandos haben Pelze bekommen, natürlich keine neuen, alte, zumeist sehr geflickte. Da muß viel ausgebessert werden und es werden Hilfskräfte gesucht. Anscheinend gibt es unter den „Umfallern" vom B.D.O. nicht genug Interessenten für diese Arbeit, ich werde angenommen.

Die Arbeitszeit ist mies. Wenn die aktiven Fachschneider Feierabend haben, beginnen wir, es ist von 18 - 24 Uhr. Sechs Stunden bei einer ganz trüben, frei im Raum hängenden Glühbirne. Aber was soll's, es bedeutet nicht immer nur Pritsche. Gar bald habe ich den Trick heraus, wie man zu Nähnadeln kommen kann. Eine halbe abgebrochene Nadel abgeben, ergibt eine neue Nadel. Mit Abgabe der zweiten Hälfte ist dann eine für den privaten Bestand gut gemacht. Daß Nadeln bei dem schweren Pelzwerk leicht abbrechen ist von vornherein gegeben. Nach 20 Tagen ist die Arbeit für alle „ohne Partei-Abzeichen", das schwarz-rot-goldene Band am Ärmel, beendet. Macht nichts, mir hat sie sechs Nähnadeln eingebracht.

Weihnachten, was bedeutet Weihnachten auf einer Pritsche; vermutlich Tränen in der Nacht. Gedanken und Erzählungen umkreisen das Fest von Anfang November bis weit in den Januar hinein. Die Bäckerei hat Weizenmehl und Zucker zurückgehalten. Da gibt es zu Weihnachten für jeden ein 200 g-Stück Weihnachtsstollen. Pfarrer gehen durch die Räume und Baracken und halten Gottesdienste. Das alles, auch eine vielleicht aufkommende festliche Stimmung, lenkt jedoch nicht davon ab, daß unsere „Politfreunde" an der Wandskizze den Frontverlauf immer eifrig ergänzen. Die Linie bewegt sich unaufhaltsam nach Westen und uns wird täglich das Elend des verlorenen Krieges neu bewußt.

Der Winter türmt Massen an Schnee auf, es ist nicht leicht, den Weg bis zur Küche freizuhalten. Aber noch schlimmer ist, daß man vom vielen Wasser getrieben, recht oft den Drang verspürt, hinaus zu müssen. Bei eisigem Schneesturm, 30 Minusgraden, in Holzpantinen und mäßig bekleidet, ist es ein hartes Unternehmen. Wenn es stürmt, ist das Dorf Taliza auf der Höhe im Südwesten nur noch schemenhaft auszumachen. Auch der Lagerzaun verschwindet den Blicken in dem dicht stiebenden Schnee. In solchen Momenten wird das Herz besonders stark von

Träumen von Freiheit, Heimat und Leben bedrängt. Wenn nach mehrtägigem Sturm wieder die Sonne erstrahlt, liegt die Natur in herrlich unberührter Winterpracht, eine Märchenkulisse jenseits des Drahtes.

Gestern sind Schuhe verteilt worden. Ich habe anscheinend Glück gehabt. Meine Schnürstiefel, irgendwer behauptet es seien französische Militärstiefel, passen mir recht gut und ich kann gegen die Kälte zwei Paar Fußlappen drin anziehen. Und warum waren plötzlich Schuhe da?, für die Küche und damit für unsere Unterkünfte natürlich auch, ist kein Feuerholz mehr in erreichbarer Nähe. Um den Holzschlitten ein Durchkommen bis zum Wald zu ermöglichen, muß Schnee geschaufelt werden. Wir erhalten noch Handschuhe und dann geht es raus in die Kälte. Jeder bekommt eine einem Brotschieber ähnliche Holzschaufel, die, wie sich herausstellt, nicht grad das handlichste Werkzeug zum Schneeräumen ist. Erschöpft, ja total fertig, kehren wir nach Stunden, Schuhe, Fußlappen, Hose und Unterhose total durchnäßt, in die Geborgenheit unseres Raumes 3 zurück. Die Pritsche hat uns wieder.

Jochen Zietlow, Sohn eines ostpreußischen Försters, kennt diese Winter. Er erzählt viel aus seiner Jugendzeit in den unendlichen ostpreußischen Wäldern und an den stillen Seen Masurens. Als Kind fuhren er und seine Geschwister mit einem Ziegengespann zur Schule. Eine romantisch anmutende heile Welt, für die wir unter den derzeitigen Umständen sehr empfänglich sind. Und dazu Quäken aus den Lautsprechern die Haßgesänge des Ilja Ehrenburg, der die russischen Soldaten antreibt, indem er ihnen in deutschen Landen den Himmel auf Erden verspricht: „die deutschen Frauen sind euer ----".

Jeder Winter geht vorüber. Die Sonne steigt höher, es ist Frühlingsahnen in der Luft. Gänse kommen zurück, um ihre Brutplätze weiter nördlich aufzusuchen. Aber je höher die Sonne steigt, desto schlimmer werden die Nachrichten über die Heimat, die uns voll Triumph übermittelt werden. Die Stimmung sinkt auf den Nullpunkt. Wenn ich es nicht mehr aushalten kann, trage ich mein Hoffen hinaus in die Birken-Allee. Sie wurde gewiß schon von den Mönchen angelegt, ihre Fortsetzung jenseits des Zaunes vermittelt das Gefühl, daß auch für uns irgendwann einmal der Weg hinausführen muß. Ernst begleitet mich auf diesen Gängen. Wir erfreuen uns gemeinsam des erwachenden Frühlings, hören nach den auch zur Winterzeit anwesenden Meisen die erste Amsel singen und sehen die Knospen aufspringen.

Das Leben in der Natur erneuert sich, so hart der Winter ihm auch zusetzte - wird unser Lebensweg auch eines Tages aus dem tiefen Dunkel, aus der Erstarrung wieder dem Licht entgegen gehen?

Kriegsende – und jetzt?

Im April wird unter den Offizieren für ein freiwilliges Arbeits-Kommando geworben. Es melden sich nur wenige. Die Meinung darüber ist sehr geteilt und es wird lange und heiß debattiert. Noch ist Krieg und jede Hilfe, die wir dem Russen anbieten, ist eine Stütze im Kampf gegen die Heimat.

Mai 1945 - der Krieg ist aus.

Die begeisterten Vorträge der Politleute reißen nicht ab. Sie gaukeln uns ein Deutschland vor, daß sie aufbauen wollen, so schön, so lebenswert, wie es eben bisher nur in der Sowjetunion der Fall ist. Kaum ist der Krieg vorbei, gibt es für uns große Veränderung. Jeder subalterne Offizier, d. h. bis hinauf zum Hauptmann, ist arbeitsverpflichtet. Mitte Mai verlassen die ersten Arbeits-Kommandos das Lager. Heinz ist dabei und viele andere aus unserer inzwischen gut verbundenen Gemeinschaft. Ich bleibe zurück, allein, verlassen und krank.

Seit Ende März habe ich zwei Geschwüre auf der Hornhaut des linken Auges. Zu meinem Glück haben wir einen Berliner Augenarzt im Lager, der sogar eine starke Lupe durch alle Filzungen gerettet hat. Er läßt eine Salbe anrühren, streicht sie ins Auge und es zerreißt mich vor Schmerzen. Bei Erstellen des Rezepts hat es vermutlich Sprachschwierigkeiten gegeben. Ein zweiter Versuch gelingt, die Salbe ist lindernd. Ich muß mich vor hellem Tageslicht hüten und werde einem Lager-Verschönerungs-Zug zugeteilt. Um jederzeit auch in die Sonne gehen zu können, nähe ich mir eine Augenklappe. Meine Arbeits-Gruppen-Einstufung heißt 3/6, Gruppe 3 mit 6 Stunden Arbeit.

Das Lager ist fast leer. Außer den ca. 1800 Stabsoffizieren (von Major aufwärts) gibt es noch die Verwaltung, Handwerker, Invaliden und Kranke. Mit 30 Mann bewohnen wir jetzt den unteren

Raum des Klosters. Er ist zwar ebenerdig gelegen, aber doch als Keller zu bezeichnen. Seine immensen Pfeiler machen einem den ursprünglichen Zweck des Gebäudes recht bewußt. So habe ich Mauern deutscher Klöster in Erinnerung.

Meine erste Aufgabe am Morgen ist die Ambulanten ins Revier zu führen. Dabei habe ich dann außer meiner eigenen Behandlung noch die „schöne" Aufgabe, im Falle chirurgischer Maßnahmen den Patienten festzuhalten. Furunkel, Schweißdrüsen-Abzesse u.ä. werden kurz vereist und dann gehts los.

Lager-Verschönerung besteht darin, daß wir versuchen, die Nebenwege zu verbessern und pflanzen auch einmal eine kleine Birke an. Wir ebnen, säubern und harken das ganze Lagergelände.

Im Juni ist die neue Werkbaracke 8 fertig. Ich werde Holzschuhmacher. Der große Raum erinnert an ein deutsches Wehrmachts-Magazin; es liegen Berge unserer guten Tornister, Affen genannt, herum. Die Brigade besteht aus drei Gruppen. Das sind diejenigen, die die „Affen" zerlegen, dann die Holzarbeiter, die die Sohlen machen und die Endfertiger, die Teile zusammennageln. Ich bearbeite Holz mit dem Zugeisen. Dabei sitze ich auf einer Werkbank und bringe die mit dem Beil grob vorgefertigten Sohlen in eine „elegante" Form. Es ist eine Arbeit, in der ich mich schon früher in der Stellmacher-Werkstatt meines Onkels versucht habe. Ein anderes Kommando ist mit der Anfertigung von Flachsschuhen beschäftigt. Vor den Lagern liegt eine Flachs-Fabrik. Seit Kriegsende arbeitet auch dort ein Offizier-Kommando. Die deutschen Soldaten, die dort und beim Aufbau des Lagers gearbeitet haben, wurden in andere Läger versetzt. Zu unserer Genugtuung verschwanden damit auch die Rumänen. Sie sollen ihre Posten in der Küche, Wäscherei und Bäckerei weidlich zu Schiebereien ausgenutzt haben. An Mannschaften gibt es jetzt nur noch einige Facharbeiter in der Bäckerei, Schuhmacherei und der Schneider-Werkstatt.

Das Rohmaterial für die Flachsschuhe besteht aus dicken Dochten, die über einem Leisten zu Schuhen verflochten werden. Es ergibt einen durchaus annehmbaren Schuh, solange er trocken ist. Wird er einmal naß, verwandelt er sich in einem harten Klotz, der die Füße wund scheuert. Durch meine Arbeit im Haus 8 lerne ich den Donnerbalken hinter Haus 9 kennen. Es ist ein 4-Sitzer (Anzahl der Löcher) ganz eigenartiger Bauweise. Über zwei Stufen erreicht man die Sitzbank. Weil diese aber im Allgemeinen verschmutzt ist, muß man aufhocken. Dabei befindet sich der Kopf in Höhe eines Balkens und auf diesem Balken ein Nest. Eine Bachstelze hat sich diesen gewiß nicht sehr ruhigen Platz ausgesucht, um ihre Jungen großzuziehen. Mit großer Freude sehe ich den ganzen Nachwuchs aufwachsen, bis er flügge ist.

Ein Sonntag im Juli. In früher Stunde Appell, lange vor der Zeit. Was ist los? Wir stehen und stehen, die Sonne kriecht über den Horizont, die Russen beginnen zu zählen immer noch einmal und noch einmal; sie sind mit größtem Aufgebot angetreten. Die Parole sagt, zwei Mann fehlen. Die Zeit geht hin. Wolken ziehen auf und plötzlich steigert sich der leichte Wind zu einem unheimlichen Brausen, wie ein drohender Zeigefinger wandert eine Windhose am Lager vorbei. Eine Weile sieht es so aus, als sei sie unterhalb Taliza am Boden hängengeblieben und schwenkt in Wolkenhöhe herum. Danach wieder unheimliche Ruhe. Nach Stunden können wir endlich wegtreten. Am nächsten Tag hören wir es von der Lagerleitung. Zwei Mann sind in der Nurma unter den Zaun hindurch getaucht. Einer von ihnen war Dolmetscher, das könnte eine gute Voraussetzung sein. Wir drücken ihnen die Daumen. Aber nein, das in den Verbannungsgebieten eingerichtete Ringsystem funktioniert gut. Nach Tagen wird uns bekanntgegeben, daß sie wieder in Haft sind. Mag ein Schachzug sein, die Wahrheit werden wir nie erfahren, denn wir werden sie bestimmt nicht wiedersehen.

Die Anschlagtafel am Appellplatz sind jetzt mit ostzonalen Zeitungen behängt. So wohl es tut, einmal wieder eine deutsche Zeitung zu lesen, so weh wird einem zumute, wenn man liest, wie dort der Bevölkerung der Kommunismus regelrecht aufgezwungen wird. Was an Hetzkampagnen und Hetzfilmen sowjetischen Ursprungs haben wir uns schweren Herzens gewöhnen müssen. Werden gleiche Dinge jedoch von Deutschen für Deutsche produziert, kann einem übel werden.

Inzwischen ist vor der Küche ein Bau fertig geworden, der als Speisesaal bezeichnet wird. Es sind auch Tische drin, aber keine Bänke. „Budjet", es wird sein, ist der Kommentar der Lager-Verwaltung. Zunächst wird der Raum für Kino-Veranstaltungen genutzt. Es handelt sich stets um Filme, die die bösen Taten deutscher Truppen in Rußland zum Thema haben. Ist eine Vorführung angesagt, hat kaum einer Lust hinzugehen. Dann rennen die B.D.O.- Leute durch die Baracken und jagen auch den letzten „Widerständler" in den Saal.

Eingeleitet wird eine derartige Veranstaltung meistens durch einige Worte des Polit-Offiziers. Dieser Kapitän Klingbeil ist deutscher Abstammung. Er ist Jude, beteiligte sich in den 20er Jahren als Kommunist am Hölz-Putsch und floh nach dem Mißlingen des Putsches nach Rußland. Obwohl er Jude ist und auch Angehörige im Krieg verloren hat, ist er uns, soweit es zu übersehen war, immer korrekt entgegengetreten. Jetzt ist er bemüht, die Instrumente für ein Orchester zu besorgen. Er hat auch erlaubt, daß sich eine Kulturgruppe bildet, die Theater spielen will.

Mein Umzug in die Baracke 2 ist fast als glücklich zu bezeichnen. Im Keller des Hauses zwölf war es oft nicht mehr zum

Aushalten. Der Raum beherbergte nicht nur die üblichen Wanzen, in seinem lockeren Sandboden gab es eine Unmenge Flöhe und unzählige Ratten waren dort zu Hause. An einem sonnigen Morgen habe ich meine Wolldecke in die Sonne gehängt und 65 – fünfundsechzig - Flöhe geknackt. Eines Nachts wachte ich auf, über mir ein lautes Lärmen, Kreischen. Was ist? - auf einem pritschen-verbindenden Brett kämpfen zwei Ratten. Es geht anscheinend um die Vorfahrt auf dem schmalen Überweg. Im Licht der einzigen Glühbirne ein wildes, uriges Bild. So war es also im Keller, hier in der 2 scheint es nur Wanzen zu geben.

Es heißt, daß wir in dem bevorstehenden Winter alle Pelzmäntel und Filzstiefel bekommen sollen. Dann müssen die alten Mäntel abgegeben werden. Mein schöner Fahrermantel, der mir so gute Dienste geleistet hat, wie kann ich mich doch schwer von ihm trennen. Abwarten, es schwirren immer so viel Parolen herum und schließlich entpuppt sich gar manche als Windei.

Die Arbeitskompanien kommen wieder ins Lager. Sie haben Straßenbau gemacht. Gestern wurden alte Lumpen verteilt, aus den wir uns Fußlappen machen sollen. Unser Gruppenältester, Hptm. Trendlenburg, verteilt. Es ist ein feuchter, stinkender Haufen Textil, in den man kaum hineinzugreifen wagt. Jeder tritt heran und bekommt ein Stück Stoff in die Hand gedrückt. Bei mir zieht er ein ca. 2 m langes Stück aus der Masse, das sich bei näherem Betrachten als Strickschal entpuppt. Heute habe ich begonnen, den Schal auszuwaschen, er ist ölgetränkt, ich werde den nächsten Waschtag abwarten und von dem für meinen Körper bestimmten heißen Wasser und meinem 1 cm² Stückchen Seife etwas opfern.

Heinz ist mit seiner Straßenbau-Einheit in eine andere Baracke gezogen. Sie werden jetzt im Holz-Transport beschäftigt, während ich vor einen Magazin-Transport-Wagen „gespannt" werde. Ja, so ist es, bei diesem Unternehmen müssen wir die

Produkte, die für die Kirche und die Bäckerei bestimmt sind mit sechs Mann ins Lager fahren. Drei Mann gehen vorne an einem Querholz, beim Kommiß waren das die Vorderpferde, dann zwei Mann als „Stangenpferde" und der sechste Mann schiebt nach. In gleicher Weise schaffen die anderen Gruppen das Holz ins Lager. In der freien Zeit habe ich begonnen, Kämme zu fertigen. Bis vor kurzem wurden wir immer wieder kahlgeschoren, allmählich scheint es so zu sein, daß ein Stoppelkopf erlaubt ist. Die Friseur-Brigade, ein „Laienteam", das ursprünglich eben nicht die Fähigkeit zu Rasur und Kahlschlag besaß, gibt sich jetzt selbstbewußt in Figaro-Künsten. Unter dieser Voraussetzung kann ich mir mit wöchentlich einem Kamm, die Zinken mit Blechstreifen ausgeschnitten und mit Glasscherben nachgeschliffen, immer eine Portion Suppe, Kasha oder sogar einmal Brot einhandeln.

In meiner Kompanie gibt es zwei Kameraden, die sich mit interessanten Arbeiten beschäftigten. Da ist zunächst der Erhard Fritsche, er baut eine Lageruhr, die jetzt kurz vor der Vollendung steht. Als Mathematiker begann er das Gangwerk einer Uhr auf Birkenrinde aufzuzeichnen, berechnete die Größe der Räder und Anzahl der Zähne und legte es der Lagerleitung vor. Als weit sichtbaren Platz schlug er das Oberlicht eines lagerseitigen Fensters im Haus 12 vor. Nach langem Weg über die deutsche Lagerverwaltung, die russ. Lagerleitung, den russischen technischen Offizier wegen der Material-Beschaffung und nicht zuletzt die deutsche Leitung der Schlosser-Werkstatt, die Konkurrenz fürchtete, konnte die Arbeit schließlich beginnen. Die Technik der Uhr ist einer Standuhr mit Pendel und Gewichten gleich. In wenigen Wochen soll sie gehen und weithin die Zeit anzeigen. Wünschen wir dem Erhard, daß sie nach all der Mühe gut anläuft und dann lange laufen mag, wenn auch bitte nicht mehr zu lange in unserer Anwesenheit. Soll sie anderen getrost noch viele Jahre die Zeit anzeigen.

Der zweite Spezialist, der sein großes Werk inzwischen vollendet hat, ist der Hauptmann Dohm. Fritz Dohm ist gelernter Installateur. Er kam mit uns von der Krim und hatte ein Jahr Zeit, die primitive Wirtschafts-Wasser-Beschaffung des Lagers anzusehen. Es ging so: Mit zwei zweirädrigen Karren, auf denen sich ein Faß befand, waren zwei Fahrer den ganzen Tag lang beschäftigt, das Wasser für die Küche, Bäckerei und Banja zu beschaffen. Mithilfe einer primitiven Einlauf-Vorrichtung, den Wassermühlen abgeschaut, wurde das Wasser der Nurma entnommen. Auch in diesem Fall bedurfte es einer langen Anlaufzeit bis die Arbeit genehmigt wurde. Dohm plante einen Wasserturm und eine Pumpenanlage zu installieren. In langer mühsamer Sommerarbeit hat er dann mithilfe einer kleinen Brigade geschafft, dem Lager eine bestens funktionierende Wasserversorgung für die Wirtschafts-Betriebe sicher zu stellen.

Das Waschwasser für die einzelnen Plenni ist hier natürlich nicht einbezogen. Sommertags wäscht man sich am Bach. In der kalten Jahreszeit oder bei Regen in der Baracke. Dann holen diejenigen, die etwas Bedürfnis verspüren, es sind durchaus nicht alle, ihre 3/4 l Wasser in die Baracke. In der Waschecke steht eine „Wasserkuh", ein wannenähnlicher Behälter über Kopfhöhe hat an der Unterseite bewegliche Stöpsel. Will man sich waschen, gibt man Wasser hinein, drückt den Stöpsel hoch und das Wasser fließt. Die Menge reicht dann grad für eine „Katzenwäsche". Schlimm wird es allerdings, wenn bequeme Mitplenni ihren Rest Kaffeesatz in den Behälter gekippt haben, dann gibt es viele böse Worte und Lärm an der „Wasserkuh". Weil bei 400 Mann der Andrang nach dem Wecken groß ist, klingt das Klappern der Holzlatschen und der Stöpsel schon frühzeitig vor dem Wecken durch den Raum. Einmal zog einer sehr früh mit einer Öllampe zum Waschen. Da klang es durch den stillen Raum: DARMOL! und alle begannen spontan zu lachen. Ein Zeichen, wie nachhaltig gekonnt gebrachte Werbung wirken kann, denn jeder wußte sofort, was gemeint war.

Aborte, besser Donnerbalken, stehen hinter jeder Baracke. Die Abfuhr der Fäkalien erfolgt in den wasserwaage-ähnlichen Fahrzeugen. Im Winter waren die „Stalagmiten" so gefroren, daß sie mit Brechstangen gelöst und mit Schlitten hinausgefahren wurden. Die beiden Fahrer, in steifer, abweisender Haltung auf dem stinkenden Faß sitzend, gleichen Robotern. Es ist kein beneidenswerter Dienst. Es sind Lager-Originale, die man sicher nicht vergessen wird.

Der zweite Winter

Im Oktober gibt es Winterbekleidung. Eine Pelzmütze aus Krimmer, ein 3/4 langen Mantel aus Echtpelz, eine Fufeika (Wattejacke), eine Hose, dazu Pelz-Handschuhe und Filzstiefel. Mein bewährten Fahrer-Mantel muß ich abgeben. Das geschieht jedoch nicht ohne Vorbereitung. In einer fast dunklen Ecke, es könnte ja einen Antifa-Mensch sehen und als Sabotage weitermelden, trenne ich das schwarze Wollfutter heraus. Mein Schal, inzwischen gewaschen und angenehm weich, reicht mir doppelt um den Hals und im Rücken binde ich die Enden zusammen. Der Winter kann kommen.

In fast nächtlicher Arbeit fertige ich mir aus dem schwarzen Futter eine Art dicke Wollbluse. Eine harte Näharbeit, am Fenster stehend, aber es lohnt sich. Sehen die Ärmel auch nach Puffärmeln aus, ist es in der Baracke oder draußen unterzuziehen ein molliges Stück.

Den Wert der Winterbekleidung lernen wir bald schätzen. Tag für Tag müssen wir dreimal in den Wald und aus ca. 2 km Entfernung Holz holen. Es sind 2 m lange Stämme verschiedener Dicke. Wer Pech hat, erwischt bei jeder Tour einen dicken Kloben. Der Weg ist bald spiegelblank und mit jedem Gang schwerer zu begehen. Und mit jedem Gang wird das Holz schwerer auf der schmerzenden Schulter. Todmüde fallen wir auf die Pritschen und kaum, daß die Abendsuppe ausgelöffelt ist, ist Ruhe in der Baracke. Nur in der äußersten Ecke schnarcht einer, daß sich die Balken biegen, wie schlimm für die, die neben ihm liegen.

Mein Auge macht mir Kummer, es kann die Schneeblende nicht vertragen. Ich nehme wieder die Augenklappe, wenn ich nach draußen gehen. Aber vermutlich ist es bereits zu spät. Das Auge gleicht einer roten Kugel und ich muß wieder zum Arzt. Die Ärzte, der deutsche Revierarzt und der russische Kapitan-

Wratsch, scheinen mit ihrer Weisheit am Ende. Die alte Leier beginnt, jeden Morgen ins Revier. Ergebnis, eine neue Arbeit für mich.

Vor Wochen haben Lkw den großen Speisesaal mit Kartoffeln gefüllt, es ist ein riesiger Berg. Ich werde eingesetzt, nachts dort zu wachen, um die sechs „Kachel"-(Lehm)-Öfen unter Feuer zu halten. Eine sehr angenehme Arbeit. Um 18:00 Uhr gehe ich den Tagesdienst ablösen. Ich mache einmal die Runde um den großen Berg, heize nach, platziere mich auf einem der Tische, den Rücken am Ofen. Die Wärme schläfert ein, das Wackeln des Tisches läßt mich rechtzeitig für die nächste Runde aufwachen. In meiner „Oskar Maier"-Dose stelle ich ab und an eine Portion Kartoffeln in den Ofen, um auch die innere Wärme zu garantieren. Um 22:00 Uhr ist es dann „Prasnik-Zeit". Um diese Zeit sind die letzten Kommandos mit dem Suppenempfang durch, die Kessel werden geleert und gereinigt. Meine „bescheidene" 3-L Dose in der Hand, klopfe ich zaghaft bei der Küche an. Stumme Frage in den Augen und der Aufsicht führende Plenni füllt mir einen, mal zwei und der „Stumpe-Maier" gar drei und mehr Kellen voll in die Dose. Es folgt die Stunde stillen Genießens.

Stumpe-Maier nennt man diesen ehemaligen Hauptmann der deutschen Wehrmacht, weil er einer derjenigen ist, die uns Abwechslung durch Vorträge bringen, sein Thema: Zigarren- und Stumpen-Herstellung.

Um 01:00 Uhr erlischt das Lagerlicht. Kaum, daß es dunkel ist, beginnt auf dem Kartoffelberg das große Knistern. Unmengen Ratten sind aus dem Nichts plötzlich da und lassen es sich schmecken. Wenn dem Ofen über den Berg leuchtet, ergibt die Flucht einen wilden Wirbel unter lautem Quieken. Ansonsten vertragen wir uns ganz ich Holz nachlege und der Feuerschein aus gut. Es sind Prachtexemplare darunter, die mit stolz

erhobenem Haupt über das Gebirge stolzieren und auch ein wenig Scheu zeigen.

Die Baracken haben jetzt Temperaturen um + 3-6 Grad, man hat zwar das Gefühl nicht erfrieren zu müssen, aber saukalt ist es doch. An den Wänden, es gibt keine Zwischenwände, nur Außenwände, gefriert der feuchte Lehm. Im Licht gibt es einen silbernen Glanz, Gefrierputz sagen wir, es hat etwas Weihnachtliches. Ja, auch Weihnachten wird es wieder. Ein halbes Jahr ist seit Ende des Krieges vergangen. Wie mag es in der Heimat aussehen, wie können die Menschen da leben? Was ist mit unseren Angehörigen, eineinhalb Jahre sind es jetzt, daß sie die letzte Nachricht erhielten. Sie wissen nicht, ob wir leben oder lange in russischer Erde ruhen.

Die bange Frage nach Eltern, Frauen und Kindern klingt in diesen Tagen immer häufiger an. All die weihnachtlichen Geschichten aus den Kindertagen wachen wieder auf und werden in lebhaften Bildern geschildert. Heinz, wir liegen wieder in der gleichen Baracke, erzählt aus dem Erzgebirge, das im Winter einmal einem Märchenwald gleicht, auf der anderen Seite jedoch über Jahrhunderte ein Gebiet voller Armut war. Für die grad zu Weihnachten sehr beliebten Holzarbeiten der Gebirgler mußte die ganze Familie bis zum jüngsten Kind eingesetzt werden, um oftmals nur ein klägliches Auskommen zu erreichen.

Die Küche hält wieder Mehl, Fett und Zucker zurück, um uns einen Christstollen bieten zu können. Die Meinungen über diese Maßnahme gehen sehr auseinander. Es ist durchaus richtig, die tägliche, knappe Portion voll zu sich zu nehmen. Andererseits ist es auch schön, einmal wieder etwas anderes als nur nasses Chleb zu genießen. Tagsüber bin ich auf meinem Pritschen-Viereck allein. Die Kameraden müssen Holz holen. Der 2-stöckige Pritschenblock hat je acht Plätze à 50 x 185 cm. Die Strohsäcke sind je nach letzter Füllmöglichkeit sehr unterschiedlich hoch. Am Kopfende hat jeder irgendeinen Beutel mit den wenigen persönlichen Utensilien. Ich habe mir aus dem gefundenen

Kartoffelsack einen „Dawai-Sack" genäht, in dem ich meinen Brotbeutel, die schwarze Bluse, Kamm und Bürste, beides Eigenbau, Gedichte auf Birkenrinde, einen Ersatz-Blechnapf und sehr wichtig, ein kleines Päckchen verschieden großer Nägel untergebracht habe. Die Wollbluse oben auf ergibt ein prima Kopfkissen.

Weihnachten – was ist Weihnachten?, ein Tag voller Sehnsucht, voller trüber Gedanken. Und wenn das Licht ausgeht, beißen die Wanzen genauso wie in den anderen Nächten, und wenn etwas über die Schlafdecke huscht, ist es kein Weihnachtsengel, sondern eine Ratte. Nur eines ist sicher, heimliche Tränen werden unter mancher Decke verborgen freien Lauf haben.

Und doch soll dieses eine ganz besondere Weihnacht werden. Wie ein Lauffeuer eilt es durchs Lager: Postkarten!! Postkarten ??, eine ganz gemeine Parole? Oder sollte es wirklich wahr sein, daß wir schreiben dürfen?. Es ist nicht zu fassen, es ist wahr, wir dürfen eine Postkarte schreiben, eine Karte mit Antwortkarte. 25 Wörter sind erlaubt, 25 Wörter, wo das Herz überläuft und 25 Seiten füllen könnte. Aber immerhin, die Verbindung mit den Angehörigen, sie von der großen Ungewißheit befreien, das ist doch das Wichtigste. 25 Wörter, sie sollen vieles einschließen, aber auch der Zensur standhalten. Da gibt es Überlegen und wieder Verwerfen, daß die Gedanken sich fast verwirren. Zum Schreiben geht ein Tintenfäßchen mit Federhalter herum; und schließlich hat jeder seine Karte geschrieben, die uns daheim wieder zum Leben erwecken soll. Und dann wird debattiert, Fragen über Fragen tauchen auf, wird sie ankommen?, wird sie ihr Ziel erreichen oder gibt es gar den oder die Empfänger gar nicht mehr?. Aber auch Zweifel an der Redlichkeit der ganzen Aktion werden laut, werden die Karten überhaupt abgeschickt?, oder ist es ein ganz gemeiner Trick?, wir können nur hoffen, daß alles sein rechten Weg nimmt und irgendwann einmal die Antwort kommt.

In der Invaliden-Baracke schreibe ich noch eine Karte für Otto Hornberger, der fast blind ist. Lange überlegen wir, ob es überhaupt einen Sinn macht, sie an seine Frau und die beiden Jungens nach Ostpreußen zu senden. Wer weiß, wohin es sie verschlagen hat. Aber Verwandte weiter im Westen hat Otto nicht, so bleibt uns keine Wahl, es muß die alte Anschrift sein.

Die Antifa-Leute sind oben auf. Sie halten uns lange Vorträge über die Humanität, die die Russen mit dieser Aktion beweisen. Unsere Gedanken und Gespräche aber kreisen um die Auswirkung, die dieser kleine Gruß an die Heimat haben wird. Sollte die Karte angekommen, sind wir nicht mehr verschollen, die Welt kennt unsere Namen. Es wird nicht mehr möglich sein, uns einfach verschwinden zu lassen, die Welt würde nach uns fragen. Ist uns damit nun wirklich das Leben neu geschenkt? Jetzt kommt es vordringlich darauf an, gesund zu bleiben.

Eine Person, die uns helfen will, gesund zu bleiben, ist „Vitaminchen", ein junger weiblicher Sanitäts-Sergeant. Vitaminchen verteilt einen aus jungen Nadelholz-Trieben aufgesetzten Vitamintrunk, streng darauf achtend, daß es jeder bekommt und auch wirklich hinunterschluckt.

Oder zum Beispiel im Karzer, einem feuchten Erdbunker mit wenigen Luftlöchern. Unser Freund Weinsheimer hat einmal 165 Tage drin gesessen. Die Tage und auch Nächte nur unterbrochen durch Vernehmungen mit allen Schikanen wie Blendlicht, Pistolen-Drohung usw., jedoch keine Schläge. Zwischenzeitlich gab es Steh-Arrest in einer 50 x 60 cm engen Zelle bis zu den Knöcheln im Wasser. Und warum? - im Bereich einige Orte hinter der Frontlinie, für die er als Kommandeur einer Artillerie-Abt.

Ortskommandant war, sind Dinge vorgekommen, für die man ihn jetzt verantwortlich machen will.

Wo jedoch nichts ist, ist nichts zu holen und so verlaufen die Vernehmungen ergebnislos.

So erging es bis heute vielen Kameraden.

Vitaminchen nun befreite von Zeit zu Zeit einen Häftling aus der Karzer-Höhle (oder Hölle). Sie fragte ihn, ob er Läuse habe. Das „Ja" hat ihn dann den Erfolg, daß er sich in einer Sauna gründlich waschen kann, reichlich Verpflegung und eine neue Wäsche bekommt und erst am späten Abend bei ihrem nächsten Kontrollgang wieder in den Karzer zurück muß. Sie hat ein gutes Herz, das in vielen Russen wohnt, soweit sie nicht von den Ideen des Staates vergiftet sind.

Mitte Februar sind die ersten Karten zurück, es ist nicht zu fassen. Und gar bald ist auch klar, daß sie nicht irgendwie einzustufen sind, wie wir befürchteten. Es sind keine bevorzugten Empfänger, nicht etwa nur Antifa-Leute; die Karten kommen aus allen Gebieten des Reiches und auch für alle Dienstgrade. Die Spannung wächst von Tag zu Tag. Zunächst sind es noch kleine Mengen, gar bald aber werden es mit jeder Postausgabe mehr. Sogar Ostpreußen, die es in irgendeine westliche Provinz verschlagen hat, sind darunter. Mitte März hat sie auch mein Freund Otto, dessen Karte ich mit der ostpreußischen Anschrift Heiligenbeil versehen mußte, wieder zurück. Seine Frau ist mit den beiden Jungs gesund in Hamburg angekommen.

Für mich ist noch nichts dabei.

Sowjose 11

April 1946, der Einsatz von Straßenbau-Kompanien ist wieder im Gespräch. Für mich aber kommt Hals über Kopf die Einteilung zu einem Kolchosen-Kommando. Jetzt noch irgendwie aufmucken hat keinen Sinn, mein Auge macht einen leidlich guten Eindruck; Schmerzen habe ich nicht, lediglich die Sicht ist etwas geschwächt. Ich werde eben immer die Klappe tragen. Der Einsatz auf einer Sowjose reizt natürlich, so schlecht kann die Arbeit gar nicht werden.

Wir sind 10 Mann und können bis Grjasowez mit dem Lkw fahren, die Sowjose liegt am Stadtrand. Wir sind natürlich sehr gespannt, wie es dort sein wird, ist es für uns alle doch das erste Mal, daß wir das Lager verlassen. Sehr bald stehen wir vor allem der üblichen 2-geschossigen Holzhäuser. Ein 20-Mann-Kommando ist hier seit der Ernte tätig. Wir werden auf der anderen Straßenseite in eine Art Schuppen eingewiesen, in diesem kleinen finsteren Raum „hausen" bereits 12 Kameraden der alten Besetzung. Es wird recht eng auf der Pritsche, aber warm wird es sein, dafür sorgt schon der aus einem Benzinfaß gefertigte Ofen.

Am nächsten Morgen geht es los, die Arbeit bewegt sich rund um die Mistbeete. Unser Brigadier, Hans Erdmann, wieselflink, von erdnaher Figur, scheint ein netter Kerl zu sein. Seine Arbeitsanweisungen sind mit humorvollen Bemerkungen umrahmt. Die Mistbeete liegen ca. 1 m tief in der Erde und müssen zunächst ausgeräumt werden. Als Arbeitsgerät haben wir die landesübliche ca. 70 x 70 cm große Trage und auch eine Schubkarre. Erde und Mist werden auf anderen Anbauflächen verteilt und die Beete dann wieder mit frischem Mist gefüllt.

Die Sowjose hat ein Stall voll Rinder, allerlei Pferde und betreibt hauptsächlich Gemüse-Anbau. In Gewächshäusern werden die Pflanzen vorgezogen und kommen dann in die Mistbeete. Es ist zwar eine mistige Arbeit und Dreck und Duft schleppen wir mit in unsere Behausung, aber sie hat etwas von Freiheit, es gibt keine Uniformen, keinen Draht, keine Wachtürme.

Unser Ofen funktioniert prächtig und Holz haben wir genug, nebenan ist ein Schuppen verfallen, den können wir verheizen. Zum Glück regnet es kaum, so daß mit nachlassendem Frost der Schnee langsam wegschmilzt und unser Zeug bleibt trocken. Es reicht schon, daß die Füße ständig naß sind.

Chef der Sowjose ist ein Russe, ehemaliger Major, dem ein Stallmeister und drei weibliche Hilfskräfte zur Seite stehen. Die Plenni-Stammbesetzung wird hauptsächlich als Kutscher eingesetzt. In den Arbeitspausen dürfen wir uns in den Gewächshäusern aufwärmen. Jedes dieser Häuser wird von einem Mädchen überwacht. Dennoch bringen wir es hin und wieder fertig, einen Zwiebel-Setzling zu erhaschen, ein lang entbehrter Genuß. Übertreiben dürfen wir es allerdings nicht, denn Aufwärmen ist wichtig, der Aprilwind ist noch bitterkalt.

Gestern wurde wieder Post verteilt, ohne daß etwas für mich dabei war. Der Koch, Heinz Denker, ein Marine-Offz. aus Wesermünde hat Nachricht. Seine Frau schreibt, daß die Kaiserstraße fast vollständig erhalten ist, sonst soll die Stadt sehr zerstört sein - und immer noch keine Karte für mich, es ist zum Verzweifeln.

Im März haben wir eine zweite Karte schreiben dürfen, ich schickte sie vorsichtshalber nach Zeven in der Hoffnung, daß Mutter und Vater dort sein würden, wenn das Haus zerstört sein sollte. Auf jeden Fall aber ist von einem der dort zahlreich vertretenen Verwandten Antwort zu erwarten.

Ostermorgen, ich habe einen Streifzug über vorjährige Kartoffeläcker gemacht. Eine Beschaffung von Zusatz-Verpflegung, wie wir von den Russen lernten. Die durch früh einsetzenden Frost in der Erde verbliebenen Kartoffeln sind mit beginnendem

Tauwetter wieder aufzufinden. Im Schmelzwasser gewaschen, die Schale einfach abgezogen und in der Blechdose gestampft, ergibt es einen von weiß über gelb und braun bis violett gefärbten Brei. Diese nicht besonders gut riechende Masse löffelweise auf die Ofenplatte gegeben, ergibt etwas ähnliches wie Kartoffelpuffer. Gut oder nicht, wen stört es, Hauptsache es füllt den Magen. Wenn dann noch eine im Gewächshaus eroberte Zwiebeln hinzukommt, ist es fast eine lukullische Speise.

Ich sitze also am Rande des Kartoffelackers und spüle meine Beute. Auf dem nahen Wege streben festlich herausgeputzte Frauen dem Friedhof zu. Anscheinend findet in der dortigen Kapelle ein Gottesdienst statt. Eine junge Frau mit einem etwa 8-jährigen Mädchen an der Hand bleibt stehen und sieht zu mir herüber. Von dem, was sie dem Mädchen sagt, verstehe ich nur zwei Worte: molodoi Tschelawek, das heißt junger Mensch, sie greift in die Tasche und für mich geschieht ein Osterwunder. Sie schickt das Kind zu mir herüber und schon halte ich einen Kanten Brot von ca. 300 Gramm in der Hand. Mein stammelnder Dank erreicht die Frau kaum mehr, sie strebt eilig der Kapelle zu. Ich bringe mein „Schatz" in Sicherheit und gehe zum Friedhof. Die Türen der Kapelle stehen offen, weil der kleine Raum die andächtige Menge, es sind hauptsächlich Frauen, gar nicht alle aufnehmen kann. Über die Köpfe hinweg sehe ich viele Kerzen und ein Pope singt zu leiser Musik. Wenn ich es recht überlege, erlebe ich hier eine offene Kundgebung gegen die Partei.

Der Schnee wird immer flacher, schon zeigt sich stellenweise die braune Erde. Es ist kurz nach Mitternacht. Im Schein einer trüben Glühbirne sind wir dabei, Pferde vor die Schlitten zu spannen. Um den letzten Schnee und die nächtliche Kälte zu nutzen, soll Heu geholt werden. In langer Kolonne, neun Gespanne, geht es über Nebenwege an der schlafenden Stadt vorbei, der grelle Schein, der den Lagerzaun mit gleißendem Licht markierenden

Scheinwerfer bleibt rechter Hand zurück. Wir durchfahren zwei Dörfer und dann nimmt der Wald uns auf. Es ist eine eiskalte Frostnacht und ich atme auf, als die Sonne sich endlich über die Wipfel erhebt. Ab und an hinter dem Schlitten herlaufen macht zwar schnell warm, man wird aber auch sehr bald wieder von der Kälte durchdrungen. Mit der steigenden Sonne und der von uns ersehnten Wärme beginnt der Schnee zu tauen. In Balaklava, einer kleinen Station an der Bahnstrecke Moskau-Wologda haben wir unser Ziel erreicht. Hier soll es Heu geben.

Den Tag verbringen wir in einem russischen Wohnhaus, der Bietschko macht den Raum recht gemütlich, er strahlt eine angenehme Wärme aus. Für die russische Familie scheint es ganz natürlich zu sein, daß sie ungebetene Gäste im Haus haben. Die junge Frau bietet uns Tee an, zwei kleine Kinder sitzen am Tisch und malen. Ernst, sicher zehn Jahre älter als ich, sitzt stumm in der Ecke und blickt nur immer auf die Kinder. Und leise beginnt er zu erzählen, vom letzten Urlaub, wie er mit seinen Kindern im Park war, mit ihnen spielte - sie sind jetzt sechs und vier Jahre alt, zwei Mädchen mit dunklen Locken.

Es wird Mittag, es wird Abend. Der uns begleitende Stallmeister hat zwischenzeitlich ein paar Graupen hereingereicht und ist gleich wieder verschwunden. Die Dämmerung wird von einem herrlichen Sonnenuntergang begleitet. Der Russe ist wieder da, flucht, anspannen, kein Heu, zurück. Der Weg ist mit wesentlich mehr freien Stellen bedeckt als auf der Herfahrt, da ist es gut, daß wir bald wieder den Wald erreichen. Hier steht der Schlittenweg wie ein heller Damm über dem dunklen Grund. Ich verkrieche mich in meinem Mantel und träume, so gefällt mir das Fahren mit dem Schlitten. Wie oft habe ich beim mühsamen Schnee schaufeln den Russen mit ihren Schlitten nachgeschaut. Dann ging immer die Fantasie mit mir durch, jetzt einen Schlitten haben und fahren, fahren immer weiter nach Westen bis -, ach, was soll's, sind utopische Träume.

Aus dem Wald heraus packt uns der scharfe Nordost und die dunklen Wegflecken sind oft nicht mehr zu umgehen. Jetzt heißt es absteigen und laufen, da ist die ganze Schlitten-Romantik gar bald verflogen. Die Pferde müssen sich auch mit leerem Schlitten sehr über den schürfenden Sand hinwegquälen. Ein gleißender Mond beleuchtet diese traurige Szene.

Gegen Morgen erst sind wir wieder im Stall. Die völlig abgeschlafften Pferde können nur noch eine Handvoll Heu bekommen und wir fallen hundemüde und hungrig auf die Pritsche.

Irgendwann im Mai sind Mistbeete fertig und wir, das Zusatzkommando, müssen aus dieser herrlichen Freiheit ins Lager zurück.

Straßenbau

Im Lager hat sich nicht viel verändert. Man spricht von einem großen Straßenbau-Einsatz. Sehr viel Post ist inzwischen gekommen - für mich ist nichts dabei.

Heinz hat das Lager bereits verlassen, er befindet sich im Straßenbau nördlich Grjasowez. Wir werden zunächst wieder im Holz- und Mehltransport eingesetzt. Jetzt, nachdem die Lagerstraße schneefrei ist, mit dem Flachwagen. Die Anspannung wie gehabt drei vorn, dann zwei und einer an der Deichsel. Es fehlt nur noch der Kutscher mit der Peitsche. Es ist nur gut, daß wir nicht über den lagernahen Holzplatz hinaus müssen, in der Tauperiode sind die Wege und teilweise sogar die „Hauptstraßen" knietief verschlammt.

Sehr bald beginnt auch für uns der Straßenbau. Nach dem üblichen Zählvorgang am Lagertor „po piat", schwenken wir an der Hauptstraße je zwei Kompanien nach Norden und Süden ab. Wir bekommen einen in Richtung Grjasowez liegenden Abschnitt der rollbahnähnlichen, zwanzig Meter breiten Straße zugewiesen. Die Straße hat keinerlei festen Belag, sie besteht in der Decke aus Sand und teilweise aus Gras. Gearbeitet wird 3er-Gruppen auf je 10 Meter Abschnittslänge. Das Gerät: 1 Schaufel, 2 Spaten und eine Holztrage 70 x 70 cm.

Wenn auf der abgesteckten Trassenfläche Gras wächst, muß es abgetragen werden. Es ist sehr wichtig, das Gras zu entfernen, weil anderenfalls selbst bei 1,5 m Dicke des aufgetragenen Sandes bei fertiger Straße eine weiche Stelle entsteht. Ist jedoch keine Kontrolle in Sicht, haben wir eine Chance „Norm gutzumachen" und nutzen sie in Windeseile. In Akkordarbeit wird das Stück so dick abgedeckt, daß das Gras beim Kratzen mit dem Fuß nicht mehr freizulegen ist. Im Normalfall rechnen wir, daß wir ca. 50 Tragen pro Arbeitsstunde auf die Trasse bringen. Nach fünfzig Minuten wird jeweils eine Pause von 10 Minuten angesagt. Dieser Ruf läuft dann von einer Gruppe zur anderen an der Trasse entlang, eine Uhr hat nur der Aufsicht führende Russe.

Es ist Juni geworden und auf der Baustelle sehr heiß. Täglich kommt ein Wasserwagen, das Holzfaß auf einer 2-rädrigen Karre, und füllt die zu diesem Zweck an der Straße stehenden Fässer auf. An Tagen der Post-Ausgabe bringt er auch diese mit auf die Baustelle. Ich warte immer noch. Ringsum blüht es in vielen Farben. An den Wegrändern und in den Wiesen leuchten weiße Schafgarbe, gelber Hahnenfuß und blauer Storchschnabel. Auch roter Mohn streckt der Sonne seine weithin leuchtenden Blüten entgegen. Im Normschinden sind wir inzwischen Profis geworden. Ankratzen alter Abräumflächen und Vertiefen der Kanten gehört dazu, denn an jedem Abend geht der Ingenieur, pardon, die Ingenieurin an der Trasse entlang und mißt die Tagesnorm nach. Diese Ingenieurin, sie mag ca. 25 Jahre alt sein, ist eine ganze manierliche Person, tritt jedoch sehr abweisend auf. Sie tadelt oft, verwendet aber niemals die den Russen so locker sitzenden Flüche. Eine Frau also, mit der man täglich zu tun hat, die aber als solche, noch dazu mit ihrer Art Autokappe der 20er Jahre, bei keinem von uns irgendwelche Empfindung erweckt. Durch die amtliche Miene, die sie an den Tag legt, kann man ihr Gesicht auch gar nicht abschätzen. Sie wird irgendwie kalt, es fehlt das gewisse Etwas, daß in der Nähe einer Frau das Herz und die Sinne zum Schwingen bringt.

Wir haben die Norm bisher erfüllen können. Es sollte jedoch Gruppen geben, die sie nicht schaffen können, ist es sehr schlimm für sie. Ihnen wird dann pro Mann 200 Gramm Brot entzogen. Eine irre Methode, Arbeitskräften, die ohnehin bereits schwächer sind als andere, auch noch die Nahrung vorenthalten - das gibt es eben nur im glorreichen Land des Sozialismus.

Die Tage fließen im Gleichmaß dahin. Die Pausen nutzen wir, um den am Straßenrand wachsenden Kümmel zu sammeln und zu trocken. Irgendwann wird er den Kohl zu einem Festessen machen. Der Sommer ist heiß und trocken. Wieder einmal kommt der Wasserfahrer, ob er auch Post dabei hat ?, ich habe inzwischen alle Hoffnung aufgegeben. Da höre ich von weit her meinen Namen rufen, die ganze Kompanie kennt die wenigen Kameraden, die bisher noch ohne Nachricht aus der Heimat sind. Und so ist es jedes Mal für alle eine Freude, wenn wieder einer von diesen, bisher leer ausgegangen, dabei ist. Und heute ist es tatsächlich so, der Ruf gilt mir: Schlüsing, Karlheinz, Post für dich – ich habe eine Karte in der Hand. Meine Antwortkarte, die ich am 25. Dezember auf den Weg brachte, sie hat sechs Monate benötigt, um zu mir zurück zu finden. Ich setze mich hinter das Wasserfaß und brauche einen Moment bis die Augen klar sind, daß ich lesen kann. Doch dann sehe ich es klar vor Augen, Mutter und Vater gesund und auch meine Oma mit ihren 81 Jahren ist noch ganz mobil. Das Haus steht als eines der wenigen in der zerstörten Stadt. Sie leben, sind gesund, wissen von mir, was will ich noch mehr. Jetzt hat der Gedanke der ersten Stunde wieder volles Gewicht: anpassen, den Weg finden und versuchen, gesund zu bleiben.

Manchmal fahren Russen mit ihren Frauen an uns vorbei zum Markt in Grjasowez. Dort verkaufen sie das Gemüse aus dem Hausgarten, Milch von der Ziege und gar eigenen Kuh und auch Eier. Frauen, die zu Fuß kommen, dann tragen sie ihre Schuhe am Band über der Schulter, freuen sich, wenn sie bei uns schon etwas absetzen können. Seit Anfang des Jahres bekommen wir monatlich 10 Rubel ausbezahlt. Für ein Rubel gibt es einen halben Liter Milch, ein Ei oder auch eine Zwiebel. Mit einer Zwiebel hat man sein ganz besonderes Geschmackserlebnis und die nähere Pritschenumgebung hatte auch etwas davon. Es soll auch möglich sein in der Stadt Brot zu kaufen, 1 kg. 3 Rubel. Dazu bedarf es jedoch der Verbindung zu einem Lkw-Fahrer oder Kutscher, die des Öfteren am Magazin vorbeikommen; diese Verbindung haben wir nicht. Gestern kam ein Bauer des Weges und bot uns Soja-Plätzchen an, 10 Stck. nur einen Rubel. Sie schmeckten nicht sehr gut, geben aber ein Gefühl großer Sättigung.

Mit der Auszahlung der 10 Rubel wird uns nur ein geringer Teil des uns angeblich zustehenden Betrages ausgezahlt. Wieviel es wirklich sein sollte, weiß keiner; uns wird nur gesagt, daß die Beträge für Unterkunft, Verpflegung und Bekleidung eben die restliche Summe ergeben, nitschewo. Meine zweite Karte kommt noch Ende Juni zurück. Auch in Zeven sind alle wohlauf.

Im Juli wird unsere Kompanie verlegt. Am Morgen antreten „mit alles bagage" wie die Russen zu sagen pflegen. Es geht nordwärts. Der Strohsack, wenn auch schon sehr zusammengefallen, gibt ein unförmiges Bündel ab. In Grjasowez kommen wir am „Kinderheim" vorbei. Es ist ein vergitterter Bau aus dessen Fenster uns Kindern die unflätigsten Wörter zurufen. Wir rätseln, was es wirklich sein mag, ein Erziehungsheim oder gar ein Gefängnis?

Mühsam schleppen wir uns bis zu einem ca. 10 Kilometer nördlich Grjasowez gelegenen Dorf. In der Kirche ist bereits seit längerem eine Kompanie untergebracht. Heinz ist dabei. Nach längerem Gespräch stellt sich heraus, daß er sich in seiner Kompanie nicht sehr wohl fühlt, er befindet sich in einem unangenehmen Arbeitsteam. Es gelingt uns, bei der Leitung dieses provisorischen Lagers zu erreichen, daß er in meine Kompanie überwechseln darf. Unseren Platz finden wir im dritten Stockwerk des Pritschengerüstes direkt unter den noch gut erkennbaren Heiligenbildern der Gewölbedecke. Es ist, als sei ein Familienmitglied nach langer Abwesenheit wieder heimgekehrt. Heinz und ich waren vom ersten Tag an so aufeinander eingespielt, daß einer für den anderen mitdachte. War einer abwesend, nahm der andere seine Interessen, wenn möglich voll verantwortlich, wahr. Oft haben wir typische Einzelgänger angetroffen, die sich in sich selbst verzehrten und sich irgendwo anschließen konnten. In unserer Situation darf man einfach nicht abseits stehen, wer keine Bindung an die Gemeinschaft findet, ist verloren.

Wir sind also wieder zusammen und wissen, daß einer auf den anderen Acht gibt. Der Straßenabschnitt ist dem vorhergehenden ähnlich. Wir arbeiten in einer 4er-Gruppe. Unsere Gruppenkameraden sind beide Zahlmeister. Der Ewald, ein prächtiger Kerl, Claus, ein Berliner, jedoch ein fauler Sack. Bei genauer Einteilung und steten Wechsel im Beladen und Tragen, haben wir es sehr bald im Griff, auch ihm sein Teil an Arbeit zukommen zu lassen. In diesen Tagen ereignet sich ein Fall der vermutlich in den Boulevard-Zeitungen Schlagzeilen bringen würde. Kohlsuppen sind wieder an der Tagesordnung und als Folge ist es kaum möglich, eine ganze Nacht schlafend durchzukommen, man muß mindestens einmal „raus". Der nächtliche Abstieg von der Pritsche ist schwierig. Der lange B. aus München hat eine Notlösung gefunden. Er hatte seiner Gruppe seine 3-l Gefäß als Kaffeegefäß angeboten und übernimmt freiwillig den täglichen Kaffeeempfang. Zufällig hat nun ein Kamerad beobachtet, daß er, der Sohn einer gutgestellten Familie mit Hausdame usw., das Gefäß als Nachtgeschirr benutzt. Er spült es morgens am Brunnen flüchtig aus und bringt als gefälliger Mensch seinen Kameraden den Kaffee. Seine Gruppe hat ihn verprügelt.

Hier in der Freiheit, Posten gibt es nicht, genießen Heinz und ich die Abende, vor allem aber die Sonntage. Wir gehen in den nahen Wald, erfreuen uns der reichlich sprießenden Wildblumen und suchen Beeren. Es gibt Himbeeren, auch Erdbeeren und wir probieren Wachholderbeeren. Bei der Menge der Plenni, die den Wald heimsuchen, muß man allerdings weit laufen, um noch eine einigermaßen lohnende Menge zu finden. Das Wichtigste an diesen Stunden jedoch ist, fernab der Enge das Gefühl zu haben, frei und nicht ständig überwacht, nicht hinter einem Zaun zu sein. Wir liegen stundenlang im Gras, schauen den Wolken und Libellen nach, träumen und spinnen uns vieles zusammen, was wir von einer irgendwann einmal wiedererlangten Freiheit erhoffen. Im Gedanken an die Zukunft findet das Gespräch dann den Weg zurück in die Zeit unserer ersten Begegnung, die einschneidenden Stunden der Gefangennahme, die uns vom Leben trennten. Dann immer wieder die Frage, was aus den Kameraden des Bataillons geworden sein mag. Die langen Märsche ohne Schuhe, die Bahnfahrt, der Hunger, sie sind unvergeßlich eingraviert.

Abgesehen von der Arbeit, so schwer sie auch sein mag, ist das Leben hier draußen fast angenehm zu nennen. In einem fünf Stunden während Nachteinsatz muß ein Waggon Salz entladen werden. Von jeder Kompanie ist ein Kommando vertreten. So kommen am nächsten Tag alle, auch die an der Arbeit nicht beteiligten Kameraden, zu einem reichlichen Salzvorrat. Ich habe einen kleinen Beutel genäht, in dem ich mein Salz in der Hosentasche mit mir herumtrage; es bleibt immer trocken. Wenn wir auch kaum einmal Gelegenheit haben, das Salz anwenden zu können, ist es für einen Plenni eine Art Verpflichtung brauchbare Dinge zu sammeln.

Der August bringt uns Regentage, das gibt Normkürzungen, aber auch stets naße Klamotten, die uns dann nur wieder die Sonne trocknen kann. Und er bringt uns einen Marschbefehl. Es geht in Richtung Lager, ob dorthin oder zu einem anderen Ziel, uns sagt keiner etwas, wir haben nur zu gehorchen, nu ladno, wir werden sehen ….

Radjesdwo

Sonntagmorgen Grjasowez liegt hinter uns. Heinz und ich haben uns zwei Birkenstangen genommen und unsere Strohsäcke daraufgelegt. Jetzt zieht es immer einer als Schleppe hinter sich her und der andere kann freilaufen. Zum Glück ist es wieder trocken, so daß weder die Schlafsäcke, noch wir, vor allem aber die Wege nicht naß werden, weil wir sonst durch knöcheltiefen Schlamm waten müßten. In Sichtweite des Lagers sind wir schon ganz schön fertig, es soll aber noch ca. 12 Kilometer weiter gehen. Der Kompanieführer, ehem. Hauptmann und Forstmeister, spricht von einem Ort mit Namen, Radjeswo, das heißt Weihnachten. Wer weiß, wie weihnachtlich er uns erscheinen mag. Bald liegt das Tal der Nurma, das die Straße tief durchschneidet, hinter uns. Unser Ziel, das wir am Nachmittag erreichen, ist na was wohl?, eine Kirche natürlich. Ein Gebäude ganz besonderen Ausmaßes, sie wirkt riesig. Zum Glück ist die Küche mit einem LKW vorausgefahren, so daß wir bei der Ankunft zunächst einmal eine Suppe bekommen.

Ein Korbflechter-Kommando der Stabsoffiziere lebt bereits seit Monaten hier. Ihre Tätigkeit, die sie freiwillig ausüben, hat im Lager heftige Debatten ausgelöst. Wir subalternen Offiziere müssen arbeiten, die Stabsoffiziere brauchen nicht - tun sie's, helfen sie dem feindlichen Lande. Die Offiziere des Kommandos hingegen sagen, mit dieser Arbeit des Korbflechtens unterstützen wir lediglich die Kameraden der Lager-Kolchose, um ihnen mit ordentlichem Gerät das Erfüllen der Norm zu erleichtern. In den Monaten, die sie hier bereits verbringen, haben sie sich ganz häuslich eingerichtet. Sie wohnen im ersten Obergeschoß in der Apsis. Dieses Geschoß erreicht man durch eine breite Außentreppe. Den Raum vor der Apsis werden wir mit unserem Zug beziehen, er ist groß und hell. Die beiden anderen Züge bleiben im Parterre in einem dunklen kellerähnlichen

Gewölbe. Sie sind damit der Warnung der Stabsoffiziere gefolgt, daß es im oberen Raum durchregnet. Wir entschließen uns zu einem „posmotrim", man wird sehen.

Der Raum ist allerdings leer und auf der Erde liegen würde zu kalt sein. Also müssen Pritschen gebaut werden. Weil es morgen wieder auf die Straße geht, heißt es ran, so schwer es auch fällt, Holz muß her. Mit fünf Mann gehen wir Stangen schlagen, einige tragen sie in die Kirche und die restlichen Leute wursteln mit den zur Verfügung stehenden primitiven Mitteln zweistöckige Pritschen zusammen. Es wird dunkel bis wir selbst, fix und fertig, auch diese Arbeit noch erledigt haben.

Heinz und ich beziehen einen Platz auf der oberen Pritsche. Der Küchenwagen hat aus dem Lager einen aus einem Benzinfaß gefertigten Kanonenofen mitgebracht und bald bullert er mit den Holzabfällen gefüttert eine anheimelnde Wärme in den Raum. Ein Stückchen Brot auf seiner Platte geröstet ist ein genüßlicher Abschluß und versöhnt uns mit den reichlichen Anstrengungen des Tages.

Bis zur Trasse ist es ein Weg von einer Viertelstunde. An diesem ersten Tag müssen wir das Gerät mitnehmen, das dann immer draußen bleibt. Der Weg schlängelt sich durch Wiesen und verliert sich dann im Wald. Es ist ein Mischwald aus Kiefern, Fichten, Birken, Pappeln und ab und an findet man eine Buche. Die Trasse ist als Schneise geschlagen und abgesteckt. Die Arbeit - wie gehabt. Unterwegs ist uns aufgefallen, daß es jede Menge Pilze gibt. Heinz kennt die eßbaren Sorten aus seinen heimatlichen Wäldern. Daraufhin gehen wir morgens in „Schützenkette" durch den Wald. Wir finden Maronen, Steinpilze, Birkenpilze und Rotkappen. Es gibt so viele, daß wir während des ganzen Tages eine Dose über dem Feuer hängen haben und in jeder Pause eine kleine Portion Pilze essen können. Und das sogar mit einer Prise Salz aus dem nächtlichen Einsatz. Es tut gut, in den bereits kühlen und herbstlichen Tagen zwischendurch etwas Warmes zu essen.

Wenn wir am nebligen Morgen auf den Wald zu marschieren, sitzen auf einem der Randbäume aufgebaumte Birkhühner. Es ist eine interessante Entdeckung für uns, wir haben bisher wenig Wild und außer Meisen kaum Vögel zu Gesicht bekommen. Es mag daran liegen, daß wir zumeist als Masse auftreten und alles Wild rechtzeitig entflieht. Im Winter beim Holztragen habe ich einmal ein Hermelin gesehen. Im Lager waren Schwalben, Stare, Goldammern und natürlich jede Menge Spatzen bei uns zu Gast. Außerhalb des Lagers, im Nurma-Grund, rief nach Sonnenuntergang ein Wachtelkönig sein schnarrendes Lied mit nervtötender Eintönigkeit durch die Nacht. Auch Wölfe soll es hier geben, gesehen hat sie noch keiner der Plennis.

Es ist Sonntag, ein herrlicher Herbsttag, Ruhetag. Da kommt ein Angebot: 20 Freiwillige können im Nachbardorf Kartoffeln ernten helfen. Wir sind dabei, unsere Kopfkissenbezüge auch. Der Weg führt durch den Wald, über einen Bach mit einem einzigen wackeligen Brett als Steg. Im Dorf verhandelt einer, der etwas russisch spricht, zunächst mit dem Agronom die Arbeitsbedingungen aus: Ein Mann darf ganztägig Kartoffeln kochen, dazu muß die Kolchose einen Kessel stellen. Außerdem werden uns pro Mann und Stunde eineinhalb Rubel zugesagt. Nach langem Palaver sind die beiden sich einig. Zunächst gehen wir mit sechs Mann noch Flachs wenden, für mich ganz interessant, wo ich mich in der Theorie schon genug mit Flachs befassen mußte. Wir wenden ihn und breiten ihn noch etwas weiter aus, damit er besser trocknet.

Grad zur ersten Pause sind wir am Kartoffelacker. Jetzt heißt es ernten, essen, ernten, essen, immer im Wechsel. So geht es neun Stunden bis zum späten Nachmittag. Müdigkeit kommt auf, das Kreuz schmerzt, der Bauch ist voll, aber die Pritsche noch weit.

Natürlich haben wir an die einmalige Chance gedacht, die Pilz-mahlzeiten mit Kartoffeln zu vervollständigen; dafür sind die Kissenbezüge mitgekommen. Der Acker hat zum Glück einen Buckel und ist somit für den Agronomen an einer Seite nicht einzusehen. Mit größter Vorsicht ist es Heinz und mir gelungen, beide Bezüge in der Ecke zu füllen und in einem nahen Gebüsch zu deponieren. Die Abrechnung mit dem Agronomen geht na-türlich wieder mit Zank und Streit vor sich. Erst die Drohung, diese nicht erlaubte Beschäftigung von Kriegsgefangenen unse-rem Kommandanten zu melden, bringt ihn zur Vernunft und läßt ihn alle Rubelchen ausspucken. Jetzt heißt es schnell raus aus dem Dorf und die Kartoffeln heil nach Hause bringen. Heinz muß den Weg bis zum Steg sichern, ich eile in unser Versteck. Am Treff ein Liedchen pfeifen heißt, alles klar. Ich verschwinde im Busch, schnappe mir die beiden Säcke und eile zunächst einer Feldscheune als Deckung zu. Grad will ich unter der Last schwer keuchend die Scheune umgehen, höre ich Stimmen. Erstarrend lausche ich und erblicke zwei junge Russen auf Fahrrädern, noch haben sie mich nicht gesehen. Ich rein in die fast mannshohen Brennnesseln, Beutel fallen lassen, drei Meter weiter, Hose run-ter und hinhocken ist eins – warten, die Gedanken kreisen um „25 Jahre" --. Da sind sie, entdecken mich, lachen, werfen mir einige unflätige Bemerkungen zu und fahren weiter --. Meine Knie zittern, der Schweiß bricht aus allen Poren und es dauert eine ganze Weile, bis ich wieder klar denken kann. Langsam zieht die Dämmerung herauf. Ich wage mich aus dem Versteck hervor und erreiche den schützenden Wald. Heinz ist auch schon total nervös und ist entsetzt, wie er hört, was mich aufgehalten hat. Bald sind wir in unserer Kirche und als Krönung des Tages gibt es noch zwei Suppen, Mittag und Abend, sowie den Kasha. Bei aller Anstrengung war es ein Festtag.

Der Herbst beschert uns sonnige und leider auch sehr nasse Tage. Wenn es bereits morgens in Strömen regnet, wird die

Arbeit ausgesetzt. Beginnt es jedoch erst im Laufe des Tages, kann es Stunden dauern, bis die Obrigkeit, es ist die gleiche Ingenieurin, die wir von der lagernahen Trasse her kennen, sich entschließt, die Arbeit einzustellen. Ist sie nicht zu erreichen, liegt die Verantwortung bei unserem deutschen Kompanie-Führer und der tut sich noch schwerer, wenn es um diesen brisanten Schritt geht. Wenn die Order dann einem der hohen Herren nicht gefällt, liegt gleich das gefährliche Wort Sabotage in der Luft.

Inzwischen haben wir auch erfahren, warum die Stabsoffiziere den schönen lichten Raum, in den wir eingezogen sind, nicht belegten. Beim ersten starken Regen, es war mitten in der Nacht, machten wir eine böse Erfahrung. Es tröpfelte nicht, nein, es rauschte nur so auf unsere Schlafdecken herab. Da hieß es zunächst einmal Flucht in eine kalte, aber trockene Ecke. Den ganzen nächsten Tag über hatte ich keine Ruhe und bin nach der Arbeit gleich auf den Dachboden gestiegen. Es war ein unheimliches Gefühl dort herumzukriechen. Mir kam der verrückte Gedanke, daß sich dort oben während der Revolution gut und gerne einer versteckt haben könne, um den roten Horden zu entkommen. Wenn er nun in einer der reichlich vorhandenen Ecken verhungert war?, schaurig. Nachdem ich mich orientiert hatte, fand ich eine Wasserspur im dicken Staub und Mörtel. Ich verfolgte den Weg bis zum Dach und fand ein Loch, das abzudichten mir leider nicht möglich war. Wieder unten angekommen, fand ich jedoch ein langes Stück Zinkblech, außerdem ein Stück Draht und schon gings wieder hinauf aufs Dach. Ich baute eine Rinne, die nunmehr den Regen schön brav nach draußen lenkt. Seitdem liegen wir trocken, warm und im hellsten Raum der Kirche. Frisch mit Rubel versorgt leiste ich mir ab und an einen halben Liter Milch und zum Sonntag auch mal ein Ei. Die Dorfbewohner leben in sehr bescheidenen Verhältnissen. Sie verhalten sich uns gegenüber sehr freundlich, vielleicht aus innerer

Verwandtschaft, denn die Bewohner dieser Region sind hier in den 30er Jahren als Verbannte angesiedelt worden. So jedenfalls wird es im Lager erzählt. Die Häuser der hiesigen Gegend sind alle in gleicher Bauweise. Unter den Wohnräumen im Hochparterre befindet sich ein halbhoher Ziegen- bzw. Schafstall. Inmitten des Wohnraumes befindet sich der Bietschko auf dem auch ein Teil der Familie schläft. Im Vorraum findet man hier, wie seinerzeit im Mittelabschnitt der Front, gleich hinter der Tür das Faß mit eingelegten Gurken und Tomaten. Bei diesen Besuchen lerne ich einige Brocken russisch und weil in russischen Schulen Deutsch gelehrt wird, kommt es schon mal zu einem längeren Gespräch. Das allerdings nur, wenn keine zweite Person, selbst aus dem Familienkreis, anwesend ist. Unter Zeugen ist die Unterhaltung mit einem Plenni gefährlich, es könnte ein Wort zu viel fallen.

Die Landschaft, die uns umgibt, gefällt mir. Sie ist etwas wellig, mit Busch und Wald bis zum Hochwald. Das Laub hat sich in den letzten Tagen herrlich verfärbt. Auf dem Weg zur Baustelle steht eine riesige Pappel, die in vollem Herbstschmuck erstrahlt, wenn die Sonne in ihren Blättern spielt. Der Gang durch den Wald, die Freude an der uns umgebenden Natur läßt so manchen trüben Gedanken in den Hintergrund treten und frischt unbewußt den Lebenswillen auf. So wie man weiß, daß nach der Vergänglichkeit der Blumen und Blätter ein neuer Frühling kommt, blüht mit jeder neuen Jahreszeit die Hoffnung auf, die nächstfolgende zu Hause zu erleben.

Zu Heinz' Geburtstag habe ich einen großen Strauß Pappellaub geholt. Im Dämmer des Raumes und im Schein der wenigen Öllampen gibt es ein hübsches Bild. Im Oktober ist über Nacht der erste Frost da. Wir ziehen lange Streifen durch das bereifte Gras und können im Nebel auf nur die Nachbarbrigade sehen. Noch haben wir keine Winterbekleidung und frieren jämmerlich. In der

Kirche pfeift der Nordost durch die Lücken und der Ofen schafft es nicht, nachts die Kleidung und Schuhe aufzutrocknen.

Freudig begrüßen wir den Tag des Abmarsches. Die hart gefrorene Erde und die tiefen Furchen der Straße machen den 12 km langen Weg schwer. Aber besser so, als wenn wir noch den knietiefen Schlamm hätten, wie er vor Tagen an manchen Stellen nicht zu umgehen war. Die Baracke 3, 180 Mann, nimmt uns auf. Sie hat einen Holzfußboden, das verspricht mehr Wärme als in den anderen Baracken. Das Lager hat uns wieder in seinen Schutz genommen und, der Gedanke ist voller Hohn, wir sind froh darüber! Nitschewo - - - -

Der dritte Winter

Am nächsten Tag beginnt der alte Trott. Wecken, waschen, nicht mehr mit dem sauberen Wasser aus dem Dorfbrunnen, nein, wir haben unsere Waschküche wieder. Nach der Morgensuppe geht es auf zum Holz tragen, zwei, drei, vier Gänge in den Wald, total fertig. Da bietet ein Überraschungs-Kommando, Holz hacken bei den Wach-Soldaten eine Abwechslung. Wir sind zu fünfen und müssen ihnen erst einmal die Bude schrubben. Empfindungen? kennen wir nicht mehr - vor drei Jahren hätte man vielleicht noch geknurrt oder geheult. Die Wachmannschaft haust in einer Baracke, die großzügig als Garnison bezeichnet wird. Drinnen ist es zwar heller und wenig geräumiger als bei uns, aber ansonsten kaum besser als im Lager. Vor der Baracke ist eine Art Exerzierplatz abgeteilt, auf dem der Sergeant grad mit der Freiwache herumbrüllt. Nach einigem Zuschauen stellen wir fest, daß die Bewegungen genau denen gleichen, die wir nach unserer HDV üben mußten. In einer Pause läßt der Sergeant sich herab, uns seine Dienstvorschrift zu zeigen. Das Taschenformat, der uns durch Skizzen erklärliche Aufbau der Regeln, es ist ein regelrechter Abklatsch unseres alt-preußischen Exerzier-Reglements. Die Soldaten sind junge Flapse und benehmen sich uns gegenüber entsprechend. Am Abend sind wir froh, daß wir wieder ins Lager zurückkönnen.

Anläßlich einer der alle 4 - 8 Wochen stattfindenden Untersuchung werden Heinz und ich in Gruppe 3/6 eingestuft. Das heißt, daß wir aus dem allgemeinen Arbeitseinsatz in ein Kommando kommen, in dem wir nur sechs Stunden täglich zu arbeiten haben. Bei diesen Untersuchungen muß einer nach dem anderen im „Adams-Kostüm" vor der russischen Ärztin antreten. Ein Blick, dann umdrehen, noch ein Blick und abtreten. Inzwischen wissen wir, daß der Hauptkörperteil für die Beurteilung der Kraftreserven das Gesäß ist. Ist es seitlich sehr eingefallen, hat der Körper viel Reserven verbraucht. Ich, mit meiner ohnehin dünnen Figur, bin immer hart an der Grenze. Heinz ist darum vor mir gegangen und kommt mit dem Ergebnis 3/6 wieder. Jetzt heißt es für mich, „die Backen zusammenkneifen", auffallen darf es jedoch nicht. Die früh einsetzende Dämmerung hilft, und siehe da, es gelingt. Auch ich lande in der gleichen Kategorie. Zunächst ändert sich nichts, in den nächsten Tagen bleiben wir bei der gleichen Arbeit. Holz holen und nach drei Tagen orkanartigen Stürmens kommt wieder einmal das Schneeschaufeln auf uns zu. Tagelang rücken wir mit 1000 Mann aus. Die Straße als solche ist nicht mehr zu erkennen. Jeder bekommt etwa 10 m zugeteilt. Wer Glück hat, bleibt in Lagernähe, andere müssen schlimmstenfalls ca. 10 km laufen, bis sie mit der Arbeit beginnen können. Noch ist der Sturm nicht vorüber und macht jeden Beginn wieder zunichte. Selbst die Posten haben das Antreiben aufgegeben, weil es sinnlos ist, unter diesen Voraussetzungen die Schaufel zu rühren. Der Sturm hat sich ausgetobt, die Sonne lacht wieder, es ist aber saukalt. Der Blick über die unberührte Winterpracht ist wunderschön, da fällt die Arbeit nicht ganz so schwer. Jetzt zeigt sich wenigstens mit jedem Schaufelwurf ein Erfolg. Auch ist es vorteilhaft schnell ein tiefes Loch zu schaffen, in das die Sonne scheint. Hier kann man sich zwischenzeitlich ausruhen und träumen; gut, wem von der Natur die Veranlagung abzuschalten gegeben ist, ich kann es. So sitze ich in meinem Eiskeller und wärme Herz und Gedanken an den Sonnenstrahlen. Den Körper allerdings behagen die ca. 20 Grad Kälte gar nicht sehr. Plötzlich ist die Sonne weg, ich blicke hoch und wie ein Gewitter donnert ein Schwall von Flüchen auf mich herab. Ein russischer Posten hat mich entdeckt. Vermutlich ist ihm am Feuer die Kälte in den Rücken gekrochen, so daß er sich einmal warmlaufen mußte. Nu ladno, fang ich wieder an. Meine Norm ist bald erfüllt. Von weit her höre ich auch schon das Heulen des Stalinez-Traktors, ein Kettenfahrzeug von gewaltigen

Ausmaßen. Ihm den Weg ins Lager zu ebnen ist unsere Aufgabe. Er holt das Holz aus dem Wald von Oszinowez, ca. 20 km vom Lager entfernt. Sind die Wege wieder befahrbar, wird diese Aufgabe von Lkw bewältigt. Der Traktor hat einen Schlitten angekoppelt, der ca. 12 cbm Holz faßt. Endlich ist es vorbei und ich kann mich der Kolonne anschließen, die sich müde und hungrig in Richtung Lager bewegt, wir waren 12 Stunden ohne Essen draußen. Da ist das Tor, rufen, schieben, fluchen, zählen. Mechanische Bewegungen unzählige Mal geübt, kaum mehr bewußt empfunden. Die Baracke, das Zuhause, die Pritsche; erst einmal liegen, Augen schließen.

Die Essenholer werden abgerufen und sind nach kurzer Zeit mit der dampfenden Brühe zurück, eine wohlige Wärme zieht durch den Raum. Weil es sehr spät geworden ist, ist die Abendsuppe bereits nach einer halben Stunde fällig, dazu der Kanten Brot. Welch eine Seligkeit, ihn auf der Pritsche liegend ganz langsam wegzumummeln. Schlafen jetzt, nichts als schlafen. Eine Weile höre ich noch das Klappern der Barackentür, es geht Schlag auf Schlag. 180 Mann mit so viel Wassersuppe im Leib, da muß im Laufe der Nacht natürlich einiges hinausgebracht werden.

Heute habe ich einen Brief bekommen, einen richtigen Brief, sogar mit einem Bild meiner Eltern. Ein Feiertag - Mutter ist schlanker geworden, Vater war immer hager. Ich finde, sie sehen beide recht gut aus und bin beruhigt. Und, o Wunder, bei uns bewahrheitet sich das Gerücht, daß auch wir ein Foto nach Hause schicken dürfen. Einer der Plenni bekommt einen Fotoapparat und an einem Sonntag marschiert Mann für Mann zum Fotografen. Wir dürfen die Paßbilder einseitig an eine Karte nähen, man muß dahinter schauen können, und sie auf den Weg bringen, als Zeichen dafür, daß es uns gut geht. Ein dickes Zugeständnis des Russen an die Welt, daß wir noch hier sind.

Unter diesen Voraussetzungen überstehen wir Weihnachten und die nachfolgenden harten Wintertage recht gut. Am ersten Weihnachtstag friert mir beim Essen holen eine Nasenseite etwas an, -51 Grad Celsius zeigt das Thermometer. Und das alles bei herrlichstem Sonnenschein. Heinz hat es gleich gesehen und mich schnell wieder zum Abreiben nach draußen geschickt, Schnee macht die Haut schnell wieder fit.

Das also war wieder einmal Weihnachten mit all seinen traurigen Gedanken und mit einer Sehnsucht, die das Herz sprengen möchte. Am 26. wird beim Appell bekannt gegeben, daß die Kompanien im Laufe des Tages nacheinander in die Banja müssen. Das Gerücht ist schnell, ein Kommando, das irgendwo in einem Dorf wohnte, hat Läuse. Es wird natürlich Läuse, die die bösen Deutschen seinerzeit aus Deutschland mitbrachten, in Rußland hat es nie welche gegeben -----!, den Spruch haben wir oft genug gehört. In diesem Fall hat man bei Ankunft des Kommandos die Quarantäne-Vorschriften nicht beachtet, so daß die Männer bereits zwei Tage in einer Baracke schliefen, bevor sie untersucht wurden. Jetzt schwebt den verantwortlichen Russen das Schreckgespenst Fleckfieber vor Augen, also ist General-Überholung angesetzt. Wie weit diese Maßnahme führt, erfahren wir, nachdem die ersten Kompanien durch sind. Heute findet nicht nur der normale Waschgang mit dem nebenherlaufenden Erhitzen der Kleidung statt, nein, es gibt wieder einmal eine Kahlschur. Diese Schur betrifft erstmals nicht nur das Kopfhaar. Wie ein Schaf muß man sich auf eine Bank (Schlachtbank sagt der Plenni) legen und unsere bedauernswerten Friseure müssen auch noch die letzten Körperhaare, die überhaupt zu finden sind, entfernen. Kurze Kontrolle durch eine Krankenschwester und ab in die Baracke. Nach zwei Tagen wird der Gang in die Banja wiederholt. So schreiten die Lagerinsassen frisch gewaschen über die Schwelle des Jahres 1947.

Ein Stück Freiheit?

Ende Januar 1947 gibt es neue Arbeit für Heinz und mich, die 3/6 Beurteilung hat Folgen. Wir werden der landschaftlichen Kompanie zugeteilt. Es handelt sich dabei um eine deutsche Einheit, die unter russischer Verwaltung die Lager-Kolchose betreibt, d.h. Kartoffeln, Kohl, Rüben und auch Getreide anbaut. Die Einheit besteht aus ca. 40 landwirtschaftlichen Arbeitern, 25 Kutschern, vier Kuhhirten und einem Mann im Schweinestall. Hinzu kommt der Tierarzt sowie zwei Stellmacher und zwei Schmiede.

Wir werden dem Kartoffel-Sortierkommando zugeteilt. Das heißt, wir hocken 6 Stunden in einem lichtlosen Erdbunker und sortieren Kartoffeln nach der Klassifikation: Russen, Saat, Schweine, Plenni. Als Notbeleuchtung dienen die lagerüblichen Petroleum-Lampen, kleine Blechdosen mit Deckel, Schlitz und Docht, Plennifabrikat. Fällt eine Dose um, und das kommt fast täglich einmal vor, spüren wir die Nachwirkung eines Tages in der Suppe. Ein eigenartiges, aber für uns durchaus nicht seltenes Gewürz à la Garage, nitschewo. Für uns ist das Wichtigste, daß wir im Raum arbeiten, es gibt keinen Wind und keinen Frost. Hinzu kommt, daß wir auch bald Gelegenheit kennen, um einige Kartoffeln beiseite zu schaffen. Sie werden in Stroh und Heu deponiert, um bei nächster Chance in den Topf zu wandern. Heinz hat es einmal so übertrieben und die Wattehose so vollgestopft, daß mit jedem Schritt eine Kartoffel aus dem Beinschlitz herauspurzelte. Seine wohlgeformten Beine mit all den kugeligen Verdickungen gaben ein prächtiges Bild - und zum Glück hat es keiner von den Russen bemerkt, weil ich dicht hinter ihm hinausmarschierte.

So verbringen wir die Wintertage zwischen Dunkel, Licht, Baracke, Schnee und Bunker. An manchen Tagen fallen irgendwelche

Arbeiten im Stall oder in anderen Scheunen ähnlichen Gebäuden an, dort ist es meist saukalt und wir sehnen uns zurück in die Finsternis des Kartoffel-Bunkers.

Ende März bekommt unsere Gruppe neue Arbeit: Mist laden. Die Sonne hat an geschützten Stellen schon so viel Kraft, daß sie den Mist auftaut. Der Mist wird über Winter landesüblich ca. 1 m hoch in Schaufelbreite an den Haus- und Stallwänden gestapelt. Das gibt dann eine gute Isolierung für die Gebäude. Jetzt ist also die Zeit gekommen, daß der Mist auf Schlitten verladen und auf die Äcker gebracht wird. Um die Arbeit voranzutreiben, erhalten wir Verstärkung durch die zur Kolchose gehörenden beiden Mädchen.

Bisher haben wir sie nur als Aufsicht erlebt, bei Arbeiten, bei den wir klauen oder pfuschen konnten. Nunmehr bildeten wir ein gemischtes Mist-Verladeteam. In den Pausen, wenn die Kutscher die Schlitten-Kette nicht ganz flüssig halten können, wird Konversation versucht. Es gelingt mehr oder weniger gut, bringt vor allem aber eine gelockerte Atmosphäre.

Rings um den Arbeitsplatz herrscht reger Flugverkehr. Spatzen Buchfinke, Grünfinken, Meisen und Goldammern sind Gäste an unserem wohlduftenden Tisch. Für uns selbst aber ist die Zeit recht mager. Die aus dem Bunker gezippelten Kartoffeln waren schnell verbraucht und bei den jetzigen Arbeiten ist nichts drin. Man spricht von einer Rübenmiete, aber die liegt weit draußen.

Neue Arbeit, Birken schlagen für den Zaun der Viehtrift. Dieser Weg führt durch die Äcker vom Stall bis in den Weidegrund am Bach. Zu dritt ziehen wir in den nahen Wald. Die Norm, 15 Birken täglich für jeden, d.h. schlagen, entästen und sie am Weg stapeln. Wir können also die Arbeitszeit selbst einteilen und – der Weg führt sehr verlockend an der Rübenmiete vorbei. Einer hält Wache, und zu zweit mühen wir uns ab, aus all dem Schlamm einige gute Rüben herauszufischen. In unserem Eifer überhören wir den Warnpfiff und schon steht unser Kompaniechef hinter uns. Standpauke und dann: Nehmt das Zeug und verschwindet! Glück gehabt, war verdammt brenzlich. Wenn das der Russe gewesen wäre, o wei!

Draußen läßt es sich aushalten. Der Wald bietet Windschutz und die Sonne hat schon Kraft. Dazu ein wassertreibender Rüben-Rohkost-Schmaus und eigene Zeiteinteilung, was will ein Plenni mehr. Man könnte fast von einem glücklichen Tag sprechen. Ohne Rüben sind die nächsten Tage halb so schön, aber nach einer am Abend des ersten Tages erfolgten saftigen Standpauke wagen wir keinen weiteren Rübeneinsatz.

Der Schnee beginnt zu schmelzen. Die im Laufe eines langen Winters festgefahrenen Schlittenwege wachsen allmählich wie Dämme, oder auch Deiche, aus der dahinschmelzenden Schnee-Ebene empor. Doch bald kommt der Tag, an dem man auch auf ihnen mit jedem Schritt durchbricht. Es ist vor allem für die Pferde mit ihren schweren Schlitten eine qualvolle Zeit. Ein erlösender Regen von mehreren Tagen macht endlich „tabula rasa". Jetzt gibt es rings rum nur noch knietiefen Matsch, Schneereste haben sich in windgeschützte Nordlagen verkrochen. Wir müssen Wege und Gebäude im Kolchosen-Bereich instandsetzen. Füße immer naß, immer müde, oft durchgeregnet. Da soll man nun gesund bleiben. Ich habe wieder Post bekommen, sie ermuntert immer wieder zum Durchhalten um jeden Preis.

Unser Kompanie-Führer ist ein Hauptmann aus Heinz' Bataillon. Diese Verbindung wirkt sich für uns günstig aus. Wir machen Sondereinsatz. Laut staatlicher Anordnung beginnt für unser Gebiet die Zeit des Pflügens mit dem 20.Mai, ganz gleich, ob der Boden frostfrei ist oder nicht. Um danach alle Saaten einzubringen, wird die Zeit sehr knapp. Aus diesem Grund wird von Dämmerung bis Dämmerung gepflügt. Zu diesem Zweck wird an den uns vom Schneeschaufeln bereits bekannten Stalinez-Traktor ein Fünfschar-Pflug gehängt. Um den Pflug bei unterschiedlicher Beschaffenheit des Bodens und auch in den Wenden zu bedienen, wird neben dem Traktoristen ein Helfer benötigt.

Und schon nach wenigen Tagen beginnt damit ein neuer Abschnitt unseres Plenni-Daseins. Diesen Posten übernehmen wir. Somit wird einer von uns beiden ab 20. Mai beginnend noch bei völliger Finsternis geweckt und marschiert mit dem Traktoristen zusammen zur Arbeit. Mittags um 13.00 Uhr wird abgelöst und das zweite Team arbeitet bis in die Dunkelheit.

Gar bald bemerken wir, daß unser Gönner uns einen prima Posten verschafft hat. Nicht nur, daß wir relativ freies Leben führen, hinzukommt, daß die Arbeit gleich null ist. Ich stehe auf dem ratternden Trecker und bewege ab und an einen Hebel. Dazwischen gibt es Zeiten, in denen der Traktorist am Motor basteln muß. Wenn er dann putzt, schraubt und flucht, geht ein unwissender Helfer besser beiseite und läßt ihn in Ruhe basteln. Lädt der Boden auch noch nicht zu einer Schlafpause ein, ist es doch schön, einfach einmal umherzustreifen. Auf dem benachbarten 6 ha-Acker, den wir vor einigen Tagen gepflügt haben, werden Kartoffeln gepflanzt. Bei all dem Treiben ringsum fällt ein Mann mehr oder weniger nicht auf. So komme ich zu einer guten Portion Kartoffeln, die mit Brennnesselspitzen bereichert ein gutes Mahl abgeben. Derart gute Tage sind allerdings selten. Nicht immer stehen Kartoffel-Säcke am Ackerrain.

Wieder einmal habe ich Brennnesseln gepflückt und jetzt die grandiose Idee, das Mahl mit Elstereiern zu vervollständigen. Während mein Fahrer ein Ersatzteil aus dem Lager holt, gehe ich auf die Pirsch. Mit großer Mühe erklimme ich einen dornigen Baum. In dem Nest liegen erst drei Eier, demnach werden sie noch nicht angebrütet sein. Während ich sie vorsichtig in meine Mütze lege, um sie auf dem Kopf heil und sicher nach unten zu tragen, umkreisen die Vogeleltern mich in tollen Sturzflügen. Ihre Schreie lassen in mir das ungute Gefühl reifen, daß ich unrecht gehandelt habe. Auf dem Weg über das freie Feld greifen sie immer wieder an und versuchen selbst im Busch, in dem ich meine Feuerstelle habe, noch auf mich herabzustoßen. Mir ist ganz und gar unwohl zumute. Ging es mir zunächst um das zusätzliche und auch außergewöhnliche Essen, denk ich jetzt nur noch an die Vogeleltern-nie wieder! Da nützt auch der Trost nichts, daß sie selbst große Nesträuber sind.

Dresel, der Fahrer, ist mit dem Trecker fertig, wir können den Pflug wieder anspannen. Ich halte die Kupplungs-Stange, die breiten Raupen kommen wie drohend auf mich zugekrochen. Da ein Schrei, weg, ich mit einem Hechtsprung zur Seite und stetig wie ein Roboter wälzt der Traktor sich über den Pflug hinweg. Obendrauf zappelt ein klägliches Bündel Mensch, er konnte den Rückwärtsgang nicht ausschalten. Fünf Meter hinter dem Pflug steht die Maschine endlich. Pflug unbrauchbar, die Stangen verbogen, da müssen Schmiede her. Es dauert eine gute Stunde bis sie kommen. Ich habe einen freien Nachmittag, streife durch den Busch und vergesse über den Gesang der ringsum jubilierenden Vögel mein trauriges Erlebnis mit den Elstern.

Stundenlang dröhnt der Schlag der schweren Vorschlag-Hämmer durch die stille Natur. Der Agronom, wir nennen ihn Schleicher, weil er plötzlich irgendwo auftaucht, ist inzwischen auch eingetroffen. Seine Schimpftirade übertrifft den Hammerschlag, jedes dritte Wort ist Sabotage. Dazwischen hört man die oft gehörten Wörter Meldung, Karzer, 25 Jahre, Sibirien. Die drei Schwerarbeiter lassen sich nicht beeindrucken. Er wird sich austoben und morgen froh sein, wenn alles wieder glatt läuft.

Einen Traktoristen wie Dresel, der mit seinem Traktor „verheiratet" ist, findet er ohnehin nicht wieder. Einige Kameraden nennen den Dresel gern „Dr. Esel" im Hinblick auf seine Arbeitswut betreffs des Traktors. Gar manches Mal bastelt er auch noch am Sonntag an der Maschine herum. Hermann und Hans, er war Kommandeur beim Wach-Bataillon in Berlin, haben es schließlich geschafft, die verbogenen Stangen kalt zu richten.

Jetzt fliegen wir wieder über den 3,4, den 5 und 6, den 17 Hektar-Acker und noch einige mehr. Nach uns kommen die Kutscher, um die Ecken, die wir nicht auskurven konnten, nachzupflügen. Dann kann gesät und gepflanzt werden. Beides natürlich ohne maschinelle Hilfe.

Mit Ende der Pflügezeit steht eines Abends Spieß, der Führer der Landwirtschafts-Kompanie, unverhofft vor der Pritsche. Die letzte Untersuchung hat uns wieder auf Gruppe 2, d.h. für alle Arbeiten und acht Stunden eingestuft. Sie hat aber auch viele Kameraden das Ende der Zeit, die sie im Lager Grjasowez verbrachten, in Aussicht gestellt. Ein Transport soll abgehen. Noch ist es Parole, ist es jedoch wahr, wird es über Nacht geschehen. Da bei der Untersuchung sehr viele Plenni in Gruppe 1 eingestuft wurden, ist zu vermuten, daß ein härterer Einsatz bevorsteht.

Für Spieß bedeutet es, sich frühzeitig abzusichern, falls man ihm die Fahrer aussortiert. Sie sind fast alle in Gruppe 1, also in ganz manierlicher Verfassung. Der Versuch, Landwirte oder Leute aus berittenen Truppen zu bekommen, gelingt nicht immer. Spieß versucht also, uns als Fahrer zu gewinnen, wenn der Transport ihm die Fahrer nimmt. Heinz lehnt zunächst ab. Für ihn ist das Pferd ein Tier, daß dem Menschen nach dem Leben trachtet. Der Abend verläuft in zähem Ringen zwischen uns beiden. Eines gibt es eben nur, beide, oder keiner. Ich schaffe es, am nächsten Morgen melden wir uns als Reserve-Kutscher.

„ Manuschka "

Es geschah, was wir bereits vermuteten, ein großer Transport ging in Richtung „wer weiß wohin". Damit ist, wie erwartet, die Stallmannschaft bis auf wenige Leute zusammengeschrumpft.

Jetzt sind wir dran. Mit dem „Kutscher-Status" gehen wir, nominell noch der Landwirtschafts-Kompanie angehörend, in die Befehlsgewalt des Stallmeisters über. Dieser wiederum erhält die Aufträge direkt vom Agronomen oder der Chefin, einer 30-jährigen Agronomin.

Stallmeister Willi, ein landwirtschaftlicher Gehilfe aus Schlesien, ca. 35 Jahre alt, ist seit Jahren im hiesigen Stall tätig. Er wohnt vor dem Lager in einem Häuschen, das er mit den beiden im Schweinestall tätigen Russinnen teilt. Einer der beiden ist anzusehen, daß Willy anscheinend des nachts auch nicht untätig ist. Er hat sich jedenfalls den Verhältnissen bestens angepaßt, spricht fließend russisch und ist auch äußerlich einem Russki gleich. Eines jedoch, obwohl man es vermuten könnte, macht er nicht, er kehrt nicht den Boss heraus. Er ist Manager in allen Pferde-, Fahrzeug-, und Stallangelegenheiten. Dabei hat er nicht vergessen, daß er auch nur ein Plenni ist. Insofern ist die Atmosphäre im Stall gesichert.

Der Pferdebestand, sechsunddreißig Panjes aller Größen. Vom schweren, breiten Brocken mit langem Fesselbehang bis zum Mini-Pferdchen mit zarten Beinchen und „Zier"-Hufen ist alles vertreten. Zwei Hengste sind auch darunter. Der Welikan ist groß und stark, der kleine Malik ein hübscher kleiner Traber. Bald schwirrt uns der Kopf vor lauter Pferdenamen, da sind z.B.: Swista, Kroschka, Lofki, Malinka, Roysa, Maltschik, Schorti, Ramsan, Graban, Muska und Korschun. Und dann natürlich das „Klasse-Gespann", Giran und Atamanka, genannt Manka und bald Manuschka! Diese letzteren sind ein Gespann, das im

Sommer allgemein als solches geht und nur im Winter vor dem Schlitten einzeln eingesetzt wird. Es ist unser, Heinz' und mein Gespann. Heinz ist für Giran und ich bin für die Manka verantwortlich. Die Giran ist eine gut gebaute Rapp-Stute mit blauen Augen. Meine Manka hingegen hat mehr etwas von einer Kuh, behaupten böse Zungen. Sie ist dunkelbraun mit ebensolchen Augen, hat eine dünne flusige Mähne und ist leicht dicklich. An Größe und Körperbau zählen die beiden zu den mittelschweren Panjes. Die Worte des Stallmeisters, daß wir das beste Gespann erwischt haben, erscheinen uns recht spöttisch. Nun gut, wir werden sehen.

Zunächst einmal gibt es einen Kurs im Anspannen. Das Geschirr besteht aus Kummet und Spannbügel; wenn man erst den richtigen Dreh heraus hat, kein Problem.

Den Anfang im Gespannfahren mache ich, Heinz macht Stalldienst. So soll es dann täglich im Wechsel weitergehen. Meine erste Fuhre ist eine Holzfuhre für den Schweinestall. Auf dem lagernahen Holzplatz ist ein ständiges Kommando damit beschäftigt, das Holz für die Kommandantur, die Bäckerei und unsere Küche ofengerecht zu zersägen. Bei weiteren Materialtransporten in der Nähe des Lagers habe ich mich bald mit dem Gespann eingefahren.

Nach dem Ausspannen werden die Pferde ans Tränkfaß geführt, in ihrer Box kurz mit dem kleinen Reisigbesen abgefegt, ein Schlag auf die Kruppe und Feierabend. Die Tage gehen dahin, einmal mit Gespann, einmal als Einspänner, hier eine Fuhre Sand, dort Holz, Wasser oder Mehl.

Das Frühjahr ist soweit vorgeschritten, daß die Kühe ausgetrieben werden. Zunächst jedoch muß der Weg vom Stall bis hinunter zum Weidegrund, beidseits der Nurma, eingezäunt werden. Vor zwei Monaten habe ich die langen, schlanken Birken gefällt, jetzt fahren wir mit zwei Gespannen hinaus in den Wald, um die Stangen zu holen. Hinzu kommen Pfähle von 2,50 m Länge als Pfosten und täglich frische Weiden, mit denen die Birkenstangen an den Pfosten festgebunden werden. Die Arbeit zieht sich über zwei Wochen hin und ich bin täglich dabei; Heinz mag die Waldfahrten nicht, er ist einmal an einem Baumstumpf hängen geblieben. Jetzt fährt er meistens in Lagernähe einspännig oder macht Stall- und Hofdienst.

Die Natur ist voll erwacht. Vor dem Wald steht ein Seidelbast in voller Blüte und drinnen sind die ersten Buschwindröschen. Mir geht immer wieder Münchhausens Birken-Legendchen durch den Kopf:

Birke, du schwankende schlanke,
wiegend am grünenden Haag,
lieblicher Gottesgedanke
vom dritten Schöpfungstag!

Gott stand und formte der Pflanzen
Endlos wuchernd Geschlecht,
schuf die Eschen zu Lanzen,
Weiden zum Schildgeflecht.

Gott schuf die Nessel zum Leide,
Alraunenwurzel zum Schmerz,
Gott schuf die Rebe zur Freude,
Gott schuf die Distel zum Schmerz.

Mitten in Arbeit und Plage
hat er ganz leise gelacht,
als an dem sechsten Tage,
als er an Eva gedacht.

Sinnend in göttlichen Träumen
gab seine Schöpfergewalt
von den mannhaften Bäumen
einem die Mädchengestalt.

Göttliche Hände im Spiele
lockten ihr blonden das Haar,
daß ihre Haut ihm gefiele,
seiden und schimmernd sie war.

Biegt sie und schmiegt sie im Winde
Zärtlich das Zweigelein Schwarm,
wiegt sie, als liegt ihr ein Kinder
frühlingsglückselig im Arm.

Birke, du mädchenhaft schlanke,
schwankend am grünenden Haag,
lieblicher Gottesgedanke
vom dritten Schöpfungstag.

Die Wege sind teils noch kaum befahrbar, es gibt viele grundlose
Löcher, die nur mit Geschrei und Schlägen bewältigt werden
können. Aber die Zeit drängt. Wenn auch die Kühe in den ersten
Tagen kaum den Weg zur Weide schaffen können, werden sie
doch nach jedem Hälmchen greifen, das sich auf den Äckern
hervorwagt. Der Anblick der zu Skeletten abgemagerten Kühe
ist mir noch vom Vorjahr im Gedächtnis haften geblieben.

Das Fahren wird durch die Länge des Wagens sehr erschwert.
Man muß sehr genau auf Hindernisse achten. In diesen Wäldern
ist der Weg nicht Weg, sondern eine dem momentanen Bedarf
entgegenkommende Schneise. Sie ist meist sehr eng und schlän-
gelt sich um dicke Bäume herum, oder es sitzen alte Stubben im
Weg, die sehr leicht den Wagen festhalten können. Die kleinen
Räder haben tief liegende Achslager mit Eisenverstrebungen.
Bleibt eine solche an einem Baumstumpf hängen, „ist der Ofen

aus", wie es im Landser-Jargon heißt. Dann heißt es abladen, den Wagen beiseite rücken und noch einmal aufladen, lieber gleich aufpassen.

Regenwetter, ich bin mit einer Fuhre Sand unterwegs. Mein russischer Militär-Mantel ist sehr kurz, hätte ich doch noch meinen schönen, langen deutschen Fahrermantel. Meine Manka läßt die Ohren hängen und die Giran giert nach Gras. Ich bin müde nach zwei Fuhren und beschließe in der Deckung eines dichten Busches eine Pause einzulegen. Zwischen Birken und Vogelbeeren stehen Traubenkirschen. Ihre Blätter sollen Blausäure enthalten, das ergibt bei zwei Blättern im Kasha einen Mandelgeschmack. Der Regen wird stärker und schlägt durch die Blätter, ich muß weiter. Der Sand ist schon sehr naß geworden, daß ich etwas abladen muß, um voranzukommen.

Am nächsten Tag bleibe ich im Hof. Ein ruhiger Tag, vor allem ist immer ein Dach in der Nähe. Und dann kommt neue Arbeit in Sicht. Es wird höchste Zeit, die Kartoffeln zu setzen, der Sommer ist kurz in diesen Breitengraden.

Wir sind über längere Zeit im Großeinsatz. Einige Kutscher fahren die Kartoffelsäcke an den Ackerrand, unter Aufsicht natürlich. Aufsicht führen im Kolchos-Bereich Mädchen und Frauen. Sie lassen sich durchaus einmal ablenken und dann weiß der Plenni seine Chance zu nutzen. So wird gewiß jeder fahrende Kutscher sein Scherflein ins Trockene gebracht haben. Ich gehöre zu den vier Kutschern, die die vom Setz-Kommando gelegten Kartoffeln einpflügen müssen. Eine wilde Jagd von Furche zu Furche beginnt. Sehr bald habe ich unter denen, die mit Armkörben über den Acker schreiten, um Kartoffeln zu legen, mit einem Kontakt aufgenommen. Bei der nächsten Tour, kurzer Blick vor und zurück und schon kippt er meinem Pferd einen halben Korb voll vor die Hufe, ich setze den Pflug hart ein, treibe das Pferd an und schon ist vom Kartoffelberg nichts mehr zu sehen. Meine Freunde machen es ebenso und mit Glück wird trotz mehrfacher Wiederholung keiner erwischt. Nach

Feierabend haben es die Kutscher gar nicht eilig. Bis in die Dämmerung wird im Stall herumgefummelt und dann geht's auf den Acker. Furchen, in denen ein Lager zu finden ist, hat sich jeder in irgendeiner Weise gekennzeichnet. Stöckchen, Steine und ein dicker Grasbulten sind unauffällige Hinweise. Jetzt braucht man nur noch den leichten Buckel in der Furche erspähen und alles ist klar. Mit Einbruch der Dunkelheit schleppt jeder die Beute in irgendein „Lager", das er für sicher hält, um es später portionsweise wieder abzuziehen.

Ein schöner Sommertag steigt herauf. Rings im Stangenholz sind die Vögel im Chor vereint, um die aufgehende Sonne zu begrüßen. Um 6.00 Uhr bin ich mit Giran und Manka am Magazin. Acht Zentner Korn muß ich aufladen. Der Magaziner hilft mir nur, wenn ich die Säcke nicht übers Seitenbreit bringe, ein ganz schöner Schlauch. Wohin?, den Ort, den er sich in den Bart murmelt, kenne ich nicht. In Begleitung eines mir unbekannten Russen geht es los in Richtung Nord, ein Stück über Grjasowez hinaus. Die rollbahnähnliche Straße führt zu einer Wassermühle.

Ich lade ab und der Müller weist mich an, die Säcke nach oben zu bringen. Mühlentreppen sind steil, gewiß, aber diese erscheint mir wie eine unüberwindliche Leiter. Ich quäle mir einen Sack auf die Schulter, erklimme drei Stufen und breche zusammen. Ein Höllenlärm setzt ein, Flüche, Gezeter, Geschrei von zwei Seiten. Ich liege friedlich auf dem Sack vor der Treppe, nitschewo. Schließlich müssen die Herren sich aufraffen und selbst jeder vier Säcke nach oben asten. Einsacken mach ich und das Aufladen geschieht in Gemeinschaft. So muß es sein! Friedlich ziehen wir zwei wieder heimatlichen (?) Gefilden zu. Ich setze mich zeitweilig sogar auf den Wagen und mein Begleiter hat nichts dagegen einzuwenden. Nach dem Abladen drückt mir der Magaziner sechs grüne, so dicke Tomaten in die Hand, daß ich sie kaum bergen kann. Es gelingt mir, sie so unterzubringen, daß die Posten nichts merken, sonst hätten sie mir bestimmt einige abgenommen. So haben Heinz und ich einen festlichen Abendschmaus.

Drunten im Nurma-Grund sind die Mäher am Werk. Sie mähen das Gras für ein in der Nähe angelegten Silo. Es ist ein mit Stroh ausgelegtes Erdloch in dem das Gras festgetrampelt und nachher mit Stroh und Erde abgedeckt wird. Einen auf allen umliegenden Kolchosen übliche Methode. Die Sommer sind kurz, da ist es oft schwierig das Heu trocken zu bekommen. Ich fahre das Gras mit meiner Manka im Einspänner zum Silo, eine gemütliche Sache. Der Vorteil des Kutscher-Daseins ist, daß die Hauptarbeit meistens den Pferden überlassen bleibt. Ein weiteres Privileg ist, daß wir, wenn wir nicht mit anderen Kommandos zusammenarbeiten, an keine Zeit gebunden sind. Jetzt, wo die Tage schnell an sommerlicher Hitze zunehmen, gehen wir Kutscher bereits um 5.00 Uhr durchs Lagertor. Während der Mittagszeit wird eine lange Pause eingelegt und am Abend geht es oft bis zum Einbruch der Dunkelheit, da läßt sich die Mittagszeit nutzen, um Kartoffeln, soweit noch zu erobern, oder Rübenblätter zu kochen.

Kutscherleben

Die Hitze trocknet die Äcker aus. Einige Tage muß ich für die lagernahen Felder Wasser fahren. Diese kleineren Flächen werden von der landwirtschaftlichen Kompanie von Hand, wie Gartenland, bearbeitet. Es gibt dort gute Dinge, die gut überwacht werden müssen, z.B. Tomaten, Kohlrabi, Salat, Möhren und andere verlockende Gemüse.

Heuzeit ist gekommen. Sehr viel Heu gibt es nicht, wenn man bedenkt, daß 36 Pferde und 20 Kühe einen ganzen Winter lang davon ernährt werden sollen. An jedem Nachmittag müssen wir ein/zwei Fuhren holen. Gestern habe ich eine umgeworfen. Der direkte Weg vom Bach hoch war mir für die Pferde zu steil. Der Wiesenpfad, den ich dann wählte, überraschte mich mit einer tiefen Delle. Der Wagen legte sich ganz sanft zur Ruhe; die Flüche des begleitenden Verlade-Kommandos möchte ich nicht wiedergeben.

Seit Tagen sind wir zu zweien auf dem 17 ha-Acker am Kartoffelhäufeln. Die Sonne brennt heiß. Ich arbeite in meiner „Eigenbau"-Turnhose und barfuß. Der Acker macht uns und noch mehr den Pferden die Arbeit schwer. Er führt von der Höhe über einen Buckel hinunter bis an den Bach. Auf der Höhe ist der Boden so knallhart, daß wir es aufgeben müssen, den Pflug hineinzuwürgen. Drunten im Grund hingegen läßt sich der Pflug nur mit Geschick und sehr flach durch die feuchte schwarze Erde bringen.

Ein neues Kommando hat Willi für mich auf Lager. Mit Korschun, einem schwer gebauten Schimmel, soll ich für ca. 10 Tage bei den mir bereits bekannten Korbflechter-Kommando Weiden fahren. Nun denn, packen wir's.

Mit dem Verpflegungs-Empfänger der Korbmacher fahre ich hinaus. Die Kirche kenne ich und beziehe an der Stelle Quartier, die ich seinerzeit selbst regensicher gemacht habe. Mein

Korschun findet einen Holzverschlag vor. Am Abend gehe ich erst einmal los, um Futter zu organisieren. Willi wollte nicht recht mit dem Heu herausrücken, also hilf dir selbst. Da muß einmal wieder ganz sauber geklaut werden. In der Dämmerung stoße ich auf ein Haferfeld. Zwei Garben unter die Arme geklemmt und ab wie der Blitz. In den Arbeitspausen lasse ich den Korschun grasen, das muß dann reichen. Mein Dienst ist nicht schwer. Die vorgesehene Arbeit reicht keineswegs für 10 Tage. Ich muß jedoch 10 Tage draußen bleiben, weil meine Verpflegung für diese Zeit bei meinem Kommando ist. Der Kommando-Führer, ein Oberstleutnant, hat eine Nebenbeschäftigung für mich. Im nahe gelegene Dorf wohnt eine „alte Bekannte", Soja Sokollowa, die Straßenbau-Ingenieurin. Sie hat ihren Wintervorrat an Brennholz noch im Wald liegen und möchte es nach Hause gefahren haben. Na klar, eine Abwechslung.

Ich also zur Feierabendzeit mit dem Korschun zu Soja gefahren. Wir fahren im munteren Trab in den Wald und holen bis zum Einbruch der Dunkelheit zwei schöne Fuhren Holz. Für Soja und ihre Mutter ist es ein Vorrat, der für drei Wintermonate reichen mag.

Nach dem Abladen stelle ich meinen Korschun neben dem Haus vor ein "gefundenes" Haferbündel und lasse mich selbst von Soja's Mutter mit Pellkartoffeln, Gurken und Brot bewirten. Eine weitere geplante Fahrt fällt buchstäblich ins Wasser. Bis zu meinem letzten Tag in Radjesdwo regnet es ununterbrochen. Sehr schade, nicht nur das Essen, nein auch die Stunde in einem gastlichen Haus hätte ich gerne noch einmal genossen. Soja's Vater befand sich in irgendeinem sibirischen Lager und Frau und Tochter hatte man in diese unwirtliche Gegend verbannt.

So nimmt mich das Lager wieder unter seine Fittiche und der Alltag geht mit mancherlei Fuhraufträgen dahin. Einige Tage nach meiner Rückkehr aus Radjesdwo fragt mich der Kompanie-Führer ganz aufgeregt, was ich denn in dem Ort verzapft habe.

Die „Else", unsere Kolchosen-Chefin sei ganz aufgebracht und wolle mich sofort sprechen.

Zugleich gibt er mir den Tip, daß es gut sei, wenn ich mich krank schreiben lassen könne. Seit Beginn des Sonderkommandos habe ich auf der Schulter einen Furunkel, der inzwischen aufgegangen ist und in der Auslaufspur weiter drei nach sich zog. Dabei ist der ganze Rücken entzündet. Diese, zum Glück einzige Krankheit, muß mir nun helfen. Mein Freund Otto, fast blind und aus diesem Grund als Essen-Abrufer im Lager tätig, kennt den Ambulanz-Arzt schon aus seiner Heimat. Ich kenne den Arzt nicht, merke jedoch, wie er mich der russischen Ärztin vorstellt, daß er meinen vermutlich auch schlimm aussehenden Rücken sehr ausgiebig begutachtet. Die Folge ist, daß ich statt der üblichen drei glattweg für acht Tage krankgeschrieben werde. Nach acht Tagen Stubendienst bin ich wieder draußen. Irgendwann stoße ich auf die Else."Geinz, warte mal!. Ich halte meinen Wagen an. „Mit dir war doch was, du hast etwas ausgeheckt, na sag schon, was?" Ich wußte natürlich nichts und so gingen wir friedlich auseinander. Einige Tage später traf ich Soja und konnte sie warnen, daß sie bespitzelt wurde.

Der August bringt heiße Tage. Willi will das Loch vor der Stalltür ausfüllen. Es ist in der herbstlichen Matschperiode ein Sumpf, durch den dann Mann und Pferd hindurchwaten müssen. Dazu benötigen wir als Füllmaterial Steine. Wo gibt es Steine?, bei einer der vielen Kirchen, die im bolschewistischen Staat dem Verfall preisgegeben wurden. Unser Weg führt uns westwärts über die Bahnlinie unserer Sehnsucht, Wologda-Moskau, d.h. mit anderen Worten Westeuropa. Auftrag, folgt dem einzigen Weg westwärts, hinter der Bahn liegt ein Dorf, dann ein Wald und in diesem eine Kirchenruine. Prima, wir sind begeistert, ein schöner Ganztags-Auftrag.

Munter traben die beiden „Schwarzen" los. Zunächst machen wir einen kleinen Umweg zum 5 ha-Acker, um uns mit einer ausreichenden Menge Wasserrüben zur versorgen. Der Tag läuft gut an. Die Sonne strahlt, die Pferde traben munter und wir knabbern Rüben. Diese Wasserrüben füllen den Magen und spülen die Nieren. Sie spülen so gut, daß alle Augenblick einer von uns vom Wagen springt, um der Natur den lang entbehrten Regen-Ersatz zu spenden. In dieser frühen Zeit ihres Wachstums haben die Rüben sogar noch einen recht guten Geschmack, während sie später nur noch fad schmecken. Der Weg führt uns an einer noch intakten Windmühle vorbei. Diese Gegend war uns fremd, der Weg aber geht tatsächlich immer gerade aus, so daß wir uns nicht verfahren können. Und gar bald fahren wir in den Schatten des Waldes ein, den Willi uns beschrieben hat. Nach wenigen Metern stoßen wir auf die moosüberzogene Turmruine. Es muß sehr feierlich gewesen sein, wenn die Bauern der umliegenden Dörfer vor der Revolution hier an den Sonntagen zum Gottesdienst zusammenkamen. Das weite Rund des Kirchenplatzes ist noch zu erahnen, auch gibt es noch hier und da einen Grabhügel zwischen den inzwischen hoch aufgeschossenen Bäumen. Der Rest des Kirchenschiffes ist nur noch ein wüster Steinhaufen.

Wir bringen den Wagen nahe heran, um gut laden zu können und spannen die Pferde aus. Sie mögen grasen, wir allerdings möchten es auch. In diesem Wald muß es Pilze geben. Die Einteilung ist schnell gemacht. Ich beginne zu laden und Heinz sucht Pilze, waschen, kochen, laden, die Zeit geht dahin. Zweimal haben uns die Pilze ein „feudales" Mahl beschert, jetzt heißt es ab in Richtung "Heimat".

Aber was ist das?, Pause gemacht und nicht ziehen wollen, auf ihr Burschen , los geht's. Der Wagen rührt sich nicht vom Fleck, er ist zu schwer. Abladen, nach jeweils zehn Steinen starten wir einen neuen Versuch mit viel Geschrei und Anschieben. Da gehen sie hin, die guten Steine, die wir aus all dem wüsten Zeug herausgesucht haben. Schließlich bleiben lediglich 65 Stück ganz verloren auf dem Boden des Wagens liegen. Eine geringe Ausbeute bei dem Einsatz. Am Stall angekommen, betrachtet Willi die Ladung recht gleichgültig, er weiß, wie schwer Steine sind, uns war es neu.

Der große Ritt

Herbst ist es geworden, noch ist es trocken und die Sonne lacht aus heiterem Himmel. Ich pflüge den 5ha-Acker. Grad habe ich im Gras gelegen und geträumt, da kommt Willi zu mir. Ein Stallmeister in freier Wildbahn, das kann nur ein außergewöhnliches Ereignis bewirken. Und das wird dann auch draus. „Hör auf, komm mit, du mußt mit dem Major, er ist Verwaltungs-Offizier des Lagers, ein paar Tage über Land reiten." „Was? Reiten, ich, ich hab' nur einige Stunden Unterricht gehabt" „Bei dir sind die Pferde sicher, los, komm mit".

So also wurde ich zum Sattelknecht. Irgendwie reizte mich die Sache schon, und warum sollte es nicht klappen. Am Stall beginnt eiliges Vorbereiten. Sättel, Decken, Trense, Weidestricke, alles muß noch überholt werden, wann wird es hier schon einmal benötigt. Dann Eisen kontrollieren, Pferde putzen und stilles Gebet, hoffentlich geht's gut. Verpflegung für drei Tage empfangen, Mantel mitnehmen und schon stehe ich bereit. Willi sattelt die Kroschka, sie hat einen langen, weichen Schritt, für den Major und ich für mich den „Schwarzen", er ist hochbeinig und kurz, das gibt einen harten Trab, nitschewo.

Mir ist abenteuerlich zumute, ich als „Herrenreiter" mitten im Elend. Der Major beäugt mich von oben bis unten und fragt: „Du Kavallerist?", damit hatte ich nicht gerechnet und kann nur ein kurzes „Njet, Artillerist" stammeln.

Er scheint auch damit zufrieden, schnappt sein Pferd, sitzt auf und los geht's. In mir klingt das Lied: "Auf, auf zum fröhlichen Jagen" an und fast möchte ich es laut in den herrlichen Sonnentag hinaus singen. Im flotten Trab geht es in Richtung Grjasowez. Vor einem der Häuser am Stadtrand machen wir Halt. Der Major steigt ab, deutet auf seine vermutlich seit 1945 vorhandene Armbanduhr und sagt, eine halbe Stunde Pause. Ich die Sättel gelockert und mich in den Schatten gelegt. Da erscheint er wieder und holt mich ins Haus. Der Anblick einer im Plüschstil der

Jahrhundertwende eingerichteten russischen Wohnung ist mir nicht fremd. Der Anblick der jungen Frau des Majors jedoch, gibt mir einen Stich. Im Lager sind wir umgeben von Frauen in Uniform oder den Landarbeiterinnen im Arbeitszeug. Hier erlebe ich plötzlich eine gutaussehende, sehr nett wirkende Frau in ihrem häuslichen Bereich. Da wird dem abgestumpften Plenniherzen warm und tausend Sehnsüchte erwachen aus tiefem Schlummer.

Auf dem Tisch Brot, Butter und Milch, dazu die üblichen sauren Gurken. Ich soll mich bedienen, habe aber für die Butter kein Messer. Eine hilflose Geste macht die Hausfrau aufmerksam und schon habe ich ein Küchenmesser vor mir. Die Klinge ist allerdings zur Hälfte abgebrochen. Es ist, als sei die Vorschrift erfüllt, daß ein Plenni kein Messer besitzen darf, dessen Klinge länger als eine Hand breit ist. Oder sollte der Haushalt lediglich dieses eine wertvolle Stück besitzen? Was kümmerts mich, ich lasse mir das Essen munden.

Bald geht es weiter, der Major hat sich eine bequeme Felduniform angezogen und sitzt locker im Sattel. Der Weg führt uns ein Stück gepflasterte Straße entlang. O, Schreck! Mein Tschorni lahmt. Was nun? Ich versuche am Feldrand im Sand zu reiten und sieh da, es ist vorbei. Vermutlich muß ich das Straßenpflaster meiden; wo, außer in der Stadt wird es das schon geben.

Wir überqueren die Gleise der Sehnsucht. Links geht es nach Moskau und drüber hinaus in ach so weiter Ferne liegt die Heimat. Wann?

Vorbei an einer Kaserne, deren Posten uns erstaunt nachblickt, geht es ins freie Land hinaus und munter traben unsere Pferde drauflos. Der Major scheint recht zufrieden, er lacht und pfeift.

Die Landschaft ist unvermutet sehr hügelig. Auf einer Anhöhe durchreiten wir ein Dorf, das mich durch hübsch angelegte Blumengärten vor den Häusern überrascht. Dahlien sind es und Astern, so etwas habe ich bisher noch nicht gesehen. Das ganze

Dorf strahlt eine heimelige Atmosphäre aus. Am Ausgang des Dorfes blicken wir in ein weites Tal, das rings auf den Höhen mit Mischwald gesäumt ist. Der Major verhält, strahlt mich an und sagt mit weiträumiger Armbewegung das Tal umkreisend: wo widish, kak Turingen! Da, schau her, der Herr hat das Kriegsende in Thüringen erlebt und es hat ihm offenbar gut gefallen in unserer schönen Heimat. Bei einem Galopp quer zum Hang rutscht mein „Schwarzer" aus und ich im Bogen aus dem Sattel, o Schreck! Aber mit Glück, die Wiese ist weich und ich bin gut davon gekommen. War wohl wieder seine lahme Vorderhand, die ihm nicht den nötigen Halt gab.

Vor uns liegt eine Gegend, die der bei unserem Lager ähnelt, flach mit Busch- und Birkenbestand.

Im nächsten Dorf geht der Major zum Starost, dem Dorfältesten. Sättel lockern, warten, träumen - ein kleiner Junge streicht scheu in sicherer Entfernung um mich herum. Vermutlich hat er noch keinen Plenni gesehen und denkt jetzt an die vielen schlimmen Geschichten, die ihm von den bösen Deutschen berichtet wurden, ebenso mag es zwei Frauen ergehen, die mich aus gebührender Entfernung betrachten.

Plötzlich schrecke ich hoch, der Major kommt angestürzt, der Starost schattert hinterher und beide deuten auf den Weg, der von der Höhe ins Dorf führt. Von dort kommt eine mit zwei Personen besetzte Kutsche im flotten Trab heran. Anscheinend ist es ihr Erscheinen, das uns zu eiligem Aufbruch zwingt. Sattel anziehen, aufsitzen und in fliegendem Galopp brausen wir zum Dorf hinaus. Weitab, durch einen guten Busch gedeckt, lassen wir die Pferde verschnaufen. Was ist los?; der Major versucht es mir zu erklären. Nach vielen Worten, bald russisch, bald deutsch, mit häufiger Wiederholung des Wortes Kommission, dazu die Gesten auf die Pferdemäuler und Hufe hinweisend, habe ich begriffen. Es hat irgendwie mit der Maul- und Klauenseuche zu tun. Der im Anmarsch befindlichen Kommission, die ggfs. unsere Pferde hätte requirieren können, sind wir durch Flucht entkommen. Vermutlich befanden wir uns in einem Sperrgebiet. Mein Begleiter strahlt übers ganze Gesicht ob dieser gelungenen Aktion.

Nach zwei Stunden im gemütlichen Schritt erreichen wir ein größeres Dorf. Anfrage, Seuche? Nein, also hinein. Der Major verschwindet im Magazin, ich höre lachende Männerstimmen. In Ermangelung einer Kneipe ist hier ein Treffpunkt für Jung und Alt. Das Magazin ist auch die „Nachrichten-Zentrale", denn eine Zeitung gibt es nur alle acht Tage, wie mir der Major nachher erklärt. Er hat sich dort nach dem Haus des Starosten erkundigt, das wir dann bald erreichen. Der Starost führt uns zu einem großen zweistöckigen Haus, vermutlich das Haus eines Kulaken, freien Bauern, in der vorrevolutionären Zeit.

Auf das Klopfen erscheint ein alter Mann, groß, weißhaarig, nicht ungepflegt. Nach kurzem Palaver kann ich absatteln und der Alte führt mich mit den Pferden zu einer Obstbaum bestandenen Weide. Hier können die Pferde über Nacht weiden. Nach alter Cowboy-Manier binde ich ein Tau von Baum zu Baum und lasse an jeder Seite ein Pferd an langer Leine laufen. Hoffentlich sind sie morgen noch hier.

Im Haus zeigt die Babuschka mir den Raum, in dem für den Major ein Bett steht und auf dem Boden ein dickes Fell als Lager für mich. In der Ecke steht ein dreibeiniger Waschständer, wie ich ihn aus Oma's Küche kenne. Daneben die Kanne mit Wasser und auf dem Stuhl ein großes Stück Seife. Außerdem steht dort ein Messing-Leuchter und daneben Streichhölzer. Die Frau erklärt mir mit vielen Worten und Zeichen Sinn und Zweck dieser Gegenstände. Für den Weg zum Klo sollen wir den Leuchter anzünden – große Fürsorge. Nach gründlicher, voll genossener Wäsche, gehe ich in den Wohnraum. Über dem Tisch hängt eine gute alte reich verzierte Petroleum-Lampe. Meine drei Hausgenossen sitzen bereits am Tisch. Wie ich mein Brot auspacke, bedeutet mir der Major, ich möge unseren Gastgebern von meinem geben und dafür ihres essen. Nun der Verzicht auf unser derzeitiges Lagerbrot grenzt an Jubel. Ist doch unser Brot seit Wochen mit Spelzen durchsetzt, daß es wirklich kein Genuß ist, so hungrig wir auch immer sein mögen. Die beiden Alten mampfen es mit wahrer Begeisterung und ich greife zu den Pellkartoffeln, Gurken und ihrem „Chleb" kräftig zu.

An der Wand hängt das Bild eines Matrosen der roten Marine. Die Babuschka hat meinen Blick gesehen. Und wie schon so oft höre ich die Worte: „Hitler kaputt". Ihr Sohn ist gefallen, sie deutet jedoch an, daß auch ich wie er ein kleiner Soldat war, der nicht zu denen gerechnet werden kann, die dieses große Völkermorden entfacht haben. Die friedliche „Familienstimmung" ist gerettet. Eine Menge Milch habe ich getrunken, wann wird es die Gelegenheit einmal wieder geben.

Es ist Schlafenszeit. Ich gehe noch einmal zu den Pferden. Im Dorf ist es ruhig, kaum daß hier und da noch ein schwaches Licht schimmert.

Der Major liegt bereits im Bett, wie ich mich zu entkleiden beginne. Beim Anblick meiner Unterhose packt ihn offensichtlich das große Entsetzen. Auch ich hatte nicht mit einer derart totalen Auswirkung des Reitens auf meine inzwischen in der 8. Woche nicht gewechselte Unterhose gerechnet. Vom Hosenbund abwärts hingen nur noch verschieden breite, sehr angegraute Kattunstreifen herab. Mit vielen, mühevoll gesuchten Worten klären wir, daß der Wäschetausch des gesamten Lagers bereits acht Wochen zurückliegt. Eine schöne Reihe urrussischer Flüche zeigt mir, daß es dem Major echt an die Nieren geht. Nun denn, gute Nacht.

Ich habe auf meinem Fell-Lager prächtig geschlafen, ohne den Leuchter in Anspruch genommen zu haben. Draußen dämmert es bereits und mit meinem Bündel unterm Arm schleiche ich aus dem Zimmer. Im Küchenraum wirkt die Babuschka herum. Ich bedeute ihr, daß ich nach den Pferden sehen will. Draußen empfängt mich die herrliche Frische eines Septembermorgens. Im Dorf ist noch wenig Leben, nur hier und da eine trübe Öllampe hinter den kleinen Fensterscheiben. Schemenhaft stehen meine beiden Schützlinge, offenbar wohl gesättigt unter den Bäumen. Die Kroschka hat ihr Halfter abgestreift, der Herdentrieb hielt sie zum Glück in der Nähe ihres Gefährten. Sie läßt sich friedlich wieder anhalftern. Das Gras ist so naß, daß ich mir das Tränken ersparen kann und so gehe ich zurück ins Haus.

Inzwischen ist auch mein Boss munter. Die Babuschka setzt uns warme Milch vor, die ich voller Genuß trinke.

Nach kurzem Palaver zwischen den beiden wird gesattelt. Und wie wir in den frischen Morgen hinausreiten, geht fern im Osten die Sonne auf. Ein herrlicher Herbsttag zieht auf. Im Schritt, manchmal im leichten Trab, erreichen wir noch zwei Dörfer, in denen der Major, wie ich inzwischen erfahren habe, Kartoffel-Einkäufe tätig. Und dann, nach meiner Schätzung ist es Mittagszeit, geht es wieder Richtung „Heimat", d.h. ins Lager.

Die Pferde brauchen eine Pause, wir rasten an einem Busch, windgeschützt und sonnig, ein herrliches Plätzchen. Der Major packt sein letztes Brot und auch noch Salzfisch aus. Ich habe zwar auch noch eine Reserve, werde mich aber hüten, sie hervorzuholen. Er will mit mir teilen, hat für den Fisch allerdings kein Messer. Was tun, vorsichtig hole ich mein aus einem 12-zölligen Nagel geschmiedetes Messer hervor. Es übertrifft die erlaubte Länge erheblich. Mein Gefährte betrachtet es eingehend, schüttelt den Kopf über dieses mögliche Mordinstrument in Plennihand und reicht mir Fisch und Brot mit dem Messer herüber. Na, dann guten Appetit.

Nach dieser Pause geht es in flottem Trab auf Grjasowez zu. Der Major bleibt in der Stadt, ich steige um auf die Kroschka, nehme den Tschorni als Handpferd und erreiche mit Einbruch der Dunkelheit das Lager. Während des Berichtes über dieses einmalige Erlebnis verzehren Heinz und ich auf der Pritsche meine eingesparte Rest-Verpflegung.

Herbst ist gekommen.....

Der Herbst zeigt uns seine üble Seite, es regnet Tag für Tag. Die Zeit der breiten Wege ist gekommen. Weil ungepflastert, sind die ursprünglichen Wege sehr bald in Schlamm verwandelt. Die Fuhrwerke weichen immer weiter nach den Seiten aus, bis an den Rand der Äcker. Von einer Trasse kann keine Rede mehr sein. Helfen kann jetzt nur noch „Väterchen Frost". Es ist eine rechte Qual für die Pferde, die Wagen durch die zähe Masse zu ziehen. Obwohl nicht mehr viel aufgeladen wird, sind sie am Abend doch fix und fertig. Der letzte Kohl ist eingefahren. Wir Fahrer wissen schon lange, daß er überreif ist. Für uns war es eine gute Zeit, in der wir für die kleinen Rohkost-Mahlzeiten von früh bis spät die besten Köpfe auswählen konnten. Danach gibt es nur noch labberige Wasserrüben.

Der Weg vom Acker an der Nurma führt über eine Brücke, die breitseits von dickem Brei umgeben ist. Man muß schon sehr achtgeben, daß die Pferde bei der Anfahrt nicht an der Bohle scheitern. Da hilft nur ein kräftiges Anfeuern, notfalls gar die Peitsche. Alle schaffen es, nur Hannes nicht, Hannes mit dem zugfreudigsten und vor allem auch vom Körperbau kräftigsten Gespann, den Schimmeln. Und wo bleibt er stecken?, hinter der Brücke. Da tobt der Willi nicht zu Unrecht. Aber was nützt es, die Karre muß aus dem Dreck. Meine kleinen Schwarzen sind für alles gut, zwar klein, aber oho! Also los, denn, erst durch die ganze Soße hindurch, hinter der Brücke wenden und wieder zurück neben den anderen Wagen. Da sind sie allerdings kaum anzuhalten, vermutlich finden sie es wenig sinnvoll im Schlamm stehen zu bleiben. Umladen und jeder mit halber Last los, ist schnell gemacht.

Wieder ist ein Tag geschafft, die Klamotten verdreckt, naß und hundemüde. Die Schuhe werden seit Wochen nicht mehr

116

trocken; wäre doch diese miese Zeit bald vorbei. Gut, daß wieder einmal Post gekommen ist. Die Verbindung mit der Heimat gibt für Wochen Kraft weiter durchzuhalten.

Es muß mitten in der Nacht sein. Irgendwer rüttelt mich wach; ich habe bombenfest geschlafen. Willi, was will denn der schon wieder, kann man nach all der Arbeit nicht mal in Ruhe schlafen. Der Traktor Stalinez mit Raupenketten hat eine Fuhre Mehl von der Bahn geholt. Jetzt ist er vor der Brückenbohle hängen geblieben. Das heißt nicht der Traktor selbst, sondern der Schlitten, den er zieht. Dieser wird in der Schlammperiode genauso eingesetzt wie im Winter. Bernd und ich müssen raus. Im Stall gibt es Streit, ich soll die beiden Kutschpferde nehmen, das kann nie gut gehen. Ich will die Giran und Manka, Willi sagt, sie sind müde. Er ist der Boss. Ich also mit dem zwar hübschen, aber zugungewohnten Gespann los. Bernd kommt mir schon entgegen, er hat versuchsweise nur einen Sack geladen, der Schlitten hat 25 Sack drauf, das kann ja gut werden. Ich mache den gleichen Versuch, denkste – die Luxuspferdchen ziehen gar nicht erst an. Sie sind zwar willig, sind aber nicht auf gleichen Anzug zu bringen. Mitten in Schlamm und Regen stehend habe ich bald die Nase voll. Das Entlade-Kommando flucht, Bernd knurrt und Willi tobt. Er stürzt zum nächsten Busch und bricht einen dicken Ast ab.

Erfolg – der Wagen rührt sich nicht. Plötzlich ein Aufschrei, Willi liegt im Dreck; der Schwarze hat ihn voll erwischt. Gut, daß die Pferde hinten noch kein Eisen mit Winterstollen haben, dann hätte es bös aussehen können. So liegt Willi zwar in der dicken Brühe und stöhnt, steht dann aber allein wieder auf. Mit „mach, was du willst", ist der Fall für ihn erledigt. So ziehe ich dann mit meinem „Supergespann" zum Stall und hole mir meine beiden braven Giran und Manka. Ein leichter Leinenschlag auf Girans Rücken und schon sind beide zugleich im Zug. Irgendwann geht auch diese Qual zu Ende. Ausspannen und ab ins Lager,

117

hundemüde, kaputt. Von Willi war nichts mehr zu sehen, er läßt sich sicher von seiner russischen Freundin trösten. Am Morgen geht's wieder früh raus, man ist eben ein Plenni – oder gar Sklave?

Der Frost ist da, endlich. Morgens und abends knallharte Spuren und am Mittag Matsch. Heute habe ich einen Fehl-Einsatz gemacht. Eine uniformierte Russin will ihren Bruder ins Krankenhaus bringen, er hat offensichtlich Schmerzen. Ich soll sie mit dem Dogcart nach Grjasowez bringen, die Karre ist kaum gefedert. Nach wenigen hundert Metern auf dem gefrorenen Boden kann der Junge das Stoßen nicht mehr ertragen. Da müssen wir wohl einen LKW flott machen.

Der Frost wird stärker. Weil es aber über Mittag noch taut, sind die Räder voll Schlamm, der dann gegen Abend anfriert. Da nützt es auch nicht viel, wenn man den Schlamm immer wieder abstreift, es bleibt eine ganze Menge zurück, die den Wagen dann sehr schwer macht.

Ich habe Kisten zur Bahn gebracht. Bis ich den Verantwortlichen endlich gefunden habe, der mir die Ladung abnimmt, ist es dunkel geworden. Der Schlamm an den Rädern ist gefroren, abklopfen bringt wenig Erfolg. Als Richtung Lager. In Swistnovo führt der Weg zwischen den Häusern hindurch, weil die Brücke defekt ist. Rums, hänge ich mit der Hinterachse an einer Hausecke. Da hilft kein Zureden, kein aufmunterndes Antreiben, die Räder sitzen in einer tiefgefrorenen Spur. Obwohl die Achse nur 3 cm hinter dem Hausbalken hängt, kann ich den Wagen nicht zur Seite drücken. Ich darf auch nicht laut werden, die Leute im Haus schlafen. Wachen sie auf, gibt es zwei Möglichkeiten, ein alter Mann würde mir gewiß helfen, von einem jungen allerdings besteht die Gefahr, daß er mich verprügelt. Ich stehe im wahrsten Sinne vor einer Wand, einer Wand aus Holz, die wie ein Fels drohend über meinem Fahrzeug hängt. Die Anstrengung wird zur Qual, ich kann die Tränen nicht zurückhalten. Letzter Versuch, ausspannen und die Pferde an die Hinterachse, um den Wagen zurückzuziehen. Da reißt ein Strang. In letzter Verzweiflung nehme ich die Leine als Strang. Der Wagen bewegt sich. Jetzt wieder alles nach vorn, ich mich zwischen Wagen und Haus geklemmt und mit lautem Geschrei angetrieben, es gelingt, der Wagen ist frei. Der Rest des Weges vergeht im Traum.

Es gibt allerlei zu „ernten", allerdings nur für Kutscher. Bei den Transporten der Rüben, des Weißkohls und der Kartoffeln nehmen wir die Chance wahr. Was noch nicht fürs Lager abgewogen ist, geht schließlich keinem Plenni verloren.

In Kutscherkreisen wird „Erntedankfest" geplant. Als Raum steht uns ein Vorraum der Banja zur Verfügung. Für zwölf Mann eine gemütliche Klause. Anregendes Getränk: Bohnenkaffee aus dem Grjasowezer Magazin, die Russen mögen ihn nicht, sie trinken Tee. Essen? Es gibt Spezial-Salat. Kartoffeln und rote Rüben gekocht, Kohl und weiße Rüben geschnitzelt darunter gemischt. Ich mache Stubendienst und mixe den Salat für uns und vier Banja-Leute.

Während ich den Salat in Tonschüsseln aufteile, wird mir zeitweilig schwindelig, der Schädel brummt und mir ist ganz elend zumute. Was ist los?

Die ersten kommen von der Arbeit, Heinz dabei; er übernimmt den „Küchendienst". Ich gehe in die Ambulanz, 39.8 Fieber, Grippe, Lazarett. So schnell kanns kommen. Bevor ich mich hinlegen kann, wird mein armer Brummschädel kahl geschoren. Hygiene über alles! Dass ich mit diesem Kopf direkt am vereisten Fenster liege, stört niemanden. Muß ich eben unter die Decke kriechen. Einziger Trost in dieser Misere, hier soll es richtigen Milchreis geben. Noch wird mir bis Dekaden-Ende die

Lagerverpflegung gebracht – aber dann! Und was geschieht? Reis ist alle, es gibt den gleichen Graupen-Kasha wie im Lager, Sch….!

Nach acht Tagen fühle ich mich besser und denke, daß ich wie hier üblich nach der Visite „fliegen" werde. Meine Temperatur liegt bei 36.8, draußen scheint die Wintersonne, ich will raus. Vor dem Fenster poltern unsere Wagen, meine Manka ist dabei. Der Kapitän-Arzt untersucht mich, sieht mich an und fragt: Willst raus? Na klar sage ich, mein Pferd wartet. Antwort, das so oft gehörte „budjet", es wird sein. Selbst die Sanitäter kennen sich nicht mehr aus, denn schwerkrank ist man schließlich nicht. Schwerkranke verschwinden aus dem Lager und kommen nie hierher zurück. Man sagt, daß sie zunächst ins Krankenhaus Wologda kommen und nach der Gesundung nach Tscherepowez verlegt werden. Hoffen wir, daß alle dort ankommen. Ich bin also ein leichter Fall und bleibe doch volle drei Wochen liegen. Dann endlich bin ich wieder auf der Pritsche bei den Freunden und im Stall bei meiner Manka.

Am Sonntag verkündet mir Willi einen Sonder-Auftrag, Holz fahren beim Kapitän-Arzt. Das Dorf liegt etwa 6 km östlich der Hauptstraße. Der Wratsch empfängt mich wie einen guten Bekannten. Gemeinsam holen wir vier Fuhren Holz aus dem Wald. Danach sitze ich mit der ganzen Familie, die Babuschka und eine etwa zehnjährige Tochter dabei, am Mittagstisch. Es gibt Bortschsch, Brot mit Butter, Pellkartoffeln und eingelegte Tomaten und Gurken; ein Festtag! Irgendwie muß ich dem sonst so knurrigen Burschen gefallen haben.

Über Nacht ist endlich Schnee gefallen. Ein langer Winter steht vor der Tür. Für uns jedoch birgt der Schnee nicht so viele Tücken, wie die Matschwege und der trockene Frost.

Erst einmal schnappt sich jeder einen Schlitten und die Deich-selstangen, dann wird nach schnellem Anspannen die erste wilde Jagd in den Schnee hinaus ein Vergnügen wie eine Petersburger Schlittenfahrt. Jetzt sind täglich alle Kutscher im Einsatz, da herrscht beim Anspannen immer gewaltiger Trubel. Wir fahren Kohl, Mehl, Kartoffeln und viel, viel Holz. Doch so viel wir auch an Holz herankarren, es reicht für die großen, mit 400 bzw. 600 Mann belegten Baracken nie aus. Die vier Lehmöfen fühlen sich kaum warm an und bringen somit keine Wärme in den Raum. Das viele Holz wandert zu den Russen, in die Bäckerei, Küche und Wäscherei.

Mit dem Schnee haben wir Winterbekleidung empfangen. Kurz-pelz, Fufeika, Wattehose, Pelzmütze, Walinki und Handschuhe. Alles alt, mit Flicken besetzt, teils noch mit Löchern, aber im-merhin warm. Heinz hat als Besonderheit einen pechschwarzen und einen hellbeigen Filz-Stiefel. Die Stiefel sind zumeist nicht mehr in ihrer ursprünglichen Form, sondern mit einer Ersatz-sohle versehen, was ihrem Zweck jedoch keinen Abbruch tut. Filzstiefel sind ideal, man muß sie nur hüten, daß sie nicht naß werden, dann ist ein Zeh leicht erfroren. Aus dem Grunde haben wir, wie vor jedem Russenhaus üblich, einen kleinen Handbesen vor der Tür stehen, um den Schnee abzufegen. An um die Öfen gelegten Fäden werden die Stiefel dann mit der Sohle an den Ofen gelegt, so daß eine Restfeuchtigkeit noch austrocknen kann. Damit ist garantiert, daß die Füße am nächsten Tag wohl und warm in die feindliche Winterwelt hinauslaufen können.

Für mich ist diese Welt eigentlich gar nicht so feindlich, ich mag die unberührte Schneelandschaft und den winterlichen Wald. Wenn es ums Holz holen geht, bin ich freiwillig dabei.

Das Holzschlag-Kommando arbeitet ca. 6-7 km entfernt im tiefsten Wald. Der Weg ist bald so ausgefahren, daß er selbst nach einem Schneesturm keine Mühe mehr macht. Auf dem

Hinweg lege ich mich dann gemütlich in das für die Ladezeit bestimmte Heu, die Manka kann ja nicht vom Weg abkommen. Bei der beladenen Fuhre muß dann allerdings aufgepaßt werden, daß der Schlitten nicht mit den Querstreben an einem Stubben hängen bleibt. Wenn das geschieht, ist Schwerstarbeit fällig. Entweder alles abladen oder eine kleine Birke als Hebel schlagen und es so auf diese Weise versuchen; dazu gehört allerdings ein Pferd, das mitdenkt, meine Manka tut es!

Wecken, aufstehen? Was ist, ringsum ist alles ruhig. Bald sehe ich klar, sechs Kutscher sind wir, die mitten in der Nacht vom Strohsack geholt werden. Im Stall erfahren wir mehr. Jeder erhält fünf leere Säcke, es geht in Begleitung eines Sergeanten irgendwo hin, um Kartoffel zu holen. Noch ist es stockfinster und saukalt. Willi hat bei der Kommandantur aufs Thermometer gesehen, -36°, das kann ja heiter werden.

Es geht an der Sowjose 11 vorbei, alte Erinnerungen springen mich an von überwinterten Kartoffeln, Ostern in der Kapelle und das Stück Brot mit der Bemerkung: Molodoi Tschelawek. Weiter geht die Fahrt, irgendwer will wissen, daß wir bald eine Stelle kreuzen, an der unsere Vorgänger 1914/1918 auch schon an einer Trasse Moskau/Archangelsk bauten, wie wir heute etwas weiter westlich. Die Sonne strahlt vom wolkenlosen Himmel, Wärme bringt sie nicht. Auf dem Schlitten ist es nicht lange auszuhalten, immer wieder muß man ein Stück hinterhertraben. Auf Dauer eine ganz schöne Anstrengung. Zur geschätzten Mittagszeit machen wir in einem Dorf Halt. Essen haben wir nicht, der Konvoi sagt „nitschewo", Hauptsache die Pferde haben ihr Heu. Zu dritt gehen wir in eines der Häuser. Mit einem „Morjno" erbittet man Einlass und die Gastfreundschaft der Russen reicht immer so weit, daß am Ofen noch ein Platz frei gemacht wird. Drei ältere Leute sitzen am Bietschko, am Tisch eine junge Frau, die ihr Kind stillt; sie läßt sich durch uns nicht stören. Mit Hilfe unserer spärlichen Kenntnisse der Landessprache kommt es zu einer zögernden Unterhaltung. Der älteste der Männer bestätigt, daß unsere „Väter" im ersten Weltkrieg in der Nähe arbeiteten. Die Trasse sei zwar überwuchert, aber durchaus noch zu erkennen.

Die Fahrt geht weiter. Der Konvoi ist vorzeitig mit Hannes aufgebrochen und hat noch eine „Anhalterin" mitgenommen. Die Entfernungen zwischen den Dörfern sind groß, da wird jede Fahrgelegenheit begrüßt. Wir können den Weg nicht verfehlen, es gibt nur eine Schlittenspur.

Am Ziel angekommen, sind wir überrascht, zwei Leute aus dem Lager anzutreffen. Sie wohnen bei einer Witwe und bewachen die in der Scheune gelagerten, gut in Stroh verpackten Kartoffeln. Anscheinend führen sie in diesem wie ein vergessenes Dorf wirkenden Ort ein recht beschauliches Dasein. Neid erwacht, so müßte man einen Winter verbringen dürfen. Aber was soll's, unser Kutscher-Los ist nicht das schlechteste, abwechslungsreich und stets voller Überraschungen, wenn auch oftmals übler Natur. Und schon werden wir mit der nächsten Überraschung konfrontiert, wir sollen laden! Laden? Bei der Kälte und gleich zurück? Nein, aufladen und stehen lassen, morgen geht's zurück. Wir sind fassungslos, eine ganze Nacht harter Frost für die völlig ungeschützten Kartoffeln. Der Konvoi aber sagt, eben drum, Frost so oder so, ob nun über Nacht oder nur auf der Rückfahrt ist letzten Endes gleich, damit hat er allerdings Recht. Nun denn, laden wir.

Auf dem Bietschko feiert der Konvoi inzwischen Abschied mit seiner Begleitung. Für uns hat einer der Kameraden einen Chikun mit Kartoffeln in den Ofen geschoben, die wir nach getaner Arbeit mit Heißhunger verschlingen. Dann sucht sich jeder in der Nähe des Ofens ein Plätzchen für die Nacht und gar bald herrscht Ruhe im Haus. Bevor die Morgensonne den Schnee in

Milliarden Brillanten erstrahlen läßt, sind wir auf dem Heimweg. Wesentlich langsamer geht's heute, auf dem Schlitten ausruhen geht nicht; da wird der Weg lang. Mit einsetzender Dämmerung sind wir am Kartoffelbunker. Unsere Fracht hat sich in klirrende Billiard-Kugeln verwandelt. Wir brauchen sie gar nicht erst in den Bunker tragen, das würde sie antauen. So bleiben sie in diesem Zustand liegen und werden in den nächsten Tagen direkt in die Küche gefahren. Für diesen Spezialfall wird ein Stabsoffiziers-Kommando eingesetzt. Die gefrorenen Kartoffeln werden in heißes Wasser getan, dann löst sich die Pelle. Etwas abrubbeln, raus aus dem Wasser, rein in die Küche und schon sind sie in der Suppe. So einfach ist das. Ob süß oder nicht, wen interessiert es – der Plenni frißt alles.

Ein Wintermärchen

Es wir kälter, wir transportieren 2m-Holz aus dem Wald zum Holzplatz vor dem Lager und dann als fertiges Brennholz ins Lager hinein. Draußen beim Holzschlag-Kommando schrumpfen die Vorräte schnell, sicher wird bald ein neuer Schlag in Lagernähe begonnen. Dann gehen wieder wie in jedem Winter alle Lagerinsassen Tag für Tag mehrmals in den Wald, um die 2m-Stücke auf spiegelblanken Pfaden heranzutragen. Wenn das Holz knapp wird, hört zuerst die Versorgung der Baracken auf, um die Leute zu motivieren, eifrig Holz heranzuschaffen.

Für uns Kutscher sollen diese Sorgen plötzlich dahin sein. Morgens steht Paul Strauch bei Willi. Paul arbeitet seit Jahren in der Lager-Kolchose, er kam mit uns von der Krim. Mit neun Mann werden wir zur Besprechung beiseite genommen. Sonderkommando!, Außenlager Oszinowez.

Neun Mann allein, fast selbständig, es ist kaum zu fassen.

Noch heute soll die Fahrt losgehen, da heißt es, einiges zu ordnen. Paul geht mit Heinz Verpflegung fassen, ich überhole unsere Pferde, Geschirre und Schlitten. Fast alle müssen noch einmal in die Schmiede, um die Eisen nachzuziehen oder Stollen auszuwechseln. Der Veterinär übergibt mir eine Holzkiste mit Erste-Hilfe-Material für Pferd und Mann. Vier Schlitten werden hoch mit Heu beladen, hinzu kommen drei Sack Hafer. Um ca. 15 Uhr können wir abfahren, bis Oszinowez sind es ca. fünf Std. Aber alle drucksen noch herum, so daß sich Paul zu einer Lagebesprechung entschließt. Wie dann jeder erzählt hat, was er noch an zusätzlicher Verpflegung aus seinen Verstecken holen kann, sehen wir ein, daß wir unbedingt abwarten müssen, bis hier vor dem Lager alles ruhig ist. Für „Diebe" ist seit je die Nacht die beste Zeit. Wir entschließen uns, für die Nacht im Erdbunker des Chefs der Lager-Kolchose zu bleiben. Er bietet Platz zum Sitzen für vier Mann. Und über Tisch und Erde verteilt kommen wir alle drin zurecht. Ein Topf mit Weißkohl kommt aufs Feuer, die Feuerwache eingeteilt und schon verschwinden die anderen in die Nacht.

Und einer nach dem anderen taucht wieder auf. Paul hatte im alten Fohlenstall ein „Deputat" an Weißkohl, damit ist sein Schlitten hoch beladen. Hannes nimmt mich mit in einen Geräteschuppen und mühsam holen wir ein Faß aus der Ecke. Es ist halb mit leicht riechendem Kohl gefüllt, Hannes erster Versuch, Sauerkohl zu fabrizieren. Nun gut, mit muß das auch. Hans kennt einen Einstieg in den Erdbunker für Wasserrüben und kommt mit zwei vollen Säcken zurück. Walter geht zu den beiden Russenfrauen im Schweinstall Rüben schnorren, seinem Charme gelingt es einen Sack voll zu ergattern. Heinz und ich steuern eine ganz manierlichen Kartoffelvorrat bei; es sieht aus, als seien einigermaßen angedickte Suppen zu erwarten.

Nur wenige Stunden der Nacht verbringen wir noch im Erdbunker, die Zeit vergeht zwischen Essen fassen, dösen und immer wieder das viele Wasser der Kohlsuppe hinausbringen. Bevor es sich im Lager rührt, fahren wir in die Nacht und damit in unser Abenteuer hinaus. Nach etwas beschwerlicher Fahrt durch unseren lagernahen Buschwald nimmt uns die ausgefahrene Schlittenspur der Straße in langer Reihe auf. Kurz hinter Basargino-Rostilowo kommt uns ein Russe mit Schlitten entgegen. Paul, der beim vorderen Schlitten ist, wird in einen heftigen Wortwechsel verwickelt. Schließlich muß der Russe unter heftigem Fluchen weichen. Acht voll beladene Schlitten aus dem neben der Straße weichen tiefen Schnee wieder herauszuholen wäre schwieriger gewesen, als einen, der kaum beladen ist. Bei den ersten Häusern von Radjesdwo, „unsere" Kirche grüßt von fern, verlassen wir die Hauptstraße, jetzt sind es noch drei Kilometer bis Oszinowez. Paul kennt das uns als Unterkunft zugewiesene Haus bereits, es liegt am Ende des Dorfes und was sehr wichtig ist, der Dorfbrunnen liegt direkt vorm Hause. Die Häuser des Dorfes, es mögen etwa 20 sein, sind alle von ähnlicher Bauart. Hochparterre, d.h. unter den Wohnräumen befindet sich ein Stall, ca. 1.20 m hoch, geeignet für Ziegen, Schafe, Schweine und Federvieh.

In Swistnovo haben wir während des Straßenbaus gesehen, daß ein Junge diese Tiere „herausklapperte" und auf die Weide führte. Ähnlich war es im Hessenland und so wird es im Sommer auch sein.

Zurück zu unserem Haus. Hinter der seitlichen Tür geht es einige Stufen hoch zu einem kleinen Vorraum, von dem zwei Türen in Wohnräume führen und rechts eine Treppe abwärts in den Stall und aufwärts auf den Heuboden.

Für Pferde gibt es eine breite Stalltür. Bevor wir die Pferde hineinführen, müssen wir alten Mist beiseite räumen, den irgendwelche Vorgänger liegen ließen. Nachdem die Pferde versorgt sind, geht es in unseren Wohnraum. Ein massiver Bietschko, 2m², ist die zentrale Wärmequelle, er wird gleich angeheizt. Die dicken Wände dieses Ofens, auf dem bis zu vier Personen schlafen können, halten die Wärme sehr lange. Es wird wie ein Backofen beheizt. Der Heizraum ist so geräumig, daß nach ausgeräumter Asche eine Person hineinkriechen und ein Schwitzbad nehmen kann, ein Sauna-Ersatz.

Die Wärme aus dem Heizloch strahlt über einen Tisch, an dem wir auf Bänken sitzend alle bequem Platz haben. Die Außenwand behängen wir mit unseren Mänteln und haben so eine gemütliche Sitzecke.

Die kleinen Fenster sind dick in Eis, das auch nicht abtaut, nachdem wir den Raum erwärmt haben. In einer Ecke hängt sogar noch ein altes Ikonen-Bild, wo mag sein Besitzer in der Weite dieses Landes untergegangen sein?

Eine kleine abgeteilte Ecke lädt als Schlafstätte ein. Zwei Schlittengespanne flitzen in den Wald. Um paßgerechte Birkenstangen zu holen, mit denen bauen wir eine Pritsche, sie reicht für sechs Mann. Die drei anderen kriechen auf den Bietschko. Allerdings befindet sich hier ein Herd, der nach längerem Heizen auch Wärme verbreitet. Somit ist Heinz, der Koch spielen soll, nicht auf den Bietschko angewiesen.

Nachdem wir alles überprüft haben, die Pritschen gebaut sind und jeder sein Plätzchen gefunden hat, wartet Paul mit einer angenehmen Überraschung auf. Er, der als Kommando-Führer nicht arbeiten muß, will einen Schlitten übernehmen. Dafür kann täglich neben Heinz ein zweiter Mann im Haus bleiben und Haus- und Stalldienst machen. Ein gutes Wort, damit gibt es für jeden alle acht Tage einen zweiten Sonntag.

Im Halbdunkel eines kalten Wintermorgens haben wir angespannt, geschätzte Zeit etwa 9.00 Uhr, Neuschnee hängt in den Bäumen. Im Wald umfängt uns eine Stille, die uns bewußt werden läßt, wie wunderbar fern der Menschenmasse des großen Lagers sich unser Leben in den folgenden Monaten gestalten wird.

Unsere Aufgabe ist klar. Irgendwo unter den Kahlschlägen sind unter dem Schnee die Buckel der Holzstöße zu erkennen. Wir sollen sie an den Fahrweg bringen, damit sie per LKW abgefahren werden können. Norm: pro Schlitten 8 cbm am Tag, das heißt, unter günstigen Bedingungen fünf bis sechs Fuhren, bei Neuschnee oder einem neuen Platz ist mit bis zu zehn Fuhren zu rechnen. Zunächst einmal müssen wir in dem weglosen Kahlschlag eine Spur ausfahren, die sieben Holzstapel einschließt. Da kann dann jeder einen Stapel abräumen. Pferde und Schlitten sinken tief ein und erst nach der fünften Runde wirkt die Spur befahrbar. Jetzt fährt jeder zu einem Stapel und beginnt ihn anzuknabbern. Die 2m-Stämme sind zusammengefroren und müssen Stück für Stück gelöst werden. Mit halber Ladung geht es in die erste Runde, damit der Weg sich festigt, noch sinken Hufe und Kufen tief ein. Doch bald ist die Spur zu einem echten Schlittenweg zusammengepreßt und von Fahrt zu Fahrt wird der Schlitten höher bepackt. Am Fahrweg wächst der lange Holzstapel, hier kommt es auf möglichst kunstgerechtes Stapeln an. 1,10 m hoch mit möglichst viel Luft, sagen wir, fest und kompakt ohne Zwischenräume, sagt die Norm. Gekonnt ist jedoch gekonnt und wir hoffen täglich ½ bis 1 cbm herauszuschinden.

So geht es Tag für Tag, mal bei herrlichem Sonnenschein, mal im Schneesturm. Stürmt es, ist die Arbeit für Mann und Pferd doppelt hart. Immer wieder ist der Stapel voller Schnee und die Spur verweht. Neuschnee verdeckt auch die verhängnisvollen Baumstubben, die sich in der Spur verstecken. Während wir sie sonst mit Geschick umfahren, bleibt dann leicht einmal einer hängen, wenn sie verdreckt sind; es gibt einen Ruck und der Schlitten steht. So erging es Hans heute mit seinem sturen Lofki, der auf keinen Anruf reagiert. Hans mußte den Schlitten fast ganz entladen, bis er die Diagonalstreb über den Baumstumpf hebeln konnte. Eine „Sau-Arbeit", schweißtreibend selbst bei größter Kälte. Der Lofki hats ausbaden müssen, Zeitverlust macht die nächsten Touren umso größer. Und eine Gerte hilft die Zugkraft stärken. Eine Peitsche kenne ich bei Manka nicht. Sitzt mein Schlitten fest, werfe ich einen dicken Stamm in den Schnee, nehme einen leichten als Hebel, setze an, hebel, Zuruf, Manka sieht mich an und mit einem kräftigen Ruck geht es weiter. Vor dem Schlitten zeigt Manka ohnehin eine gewisse Intelligenz. Die eisernen Kufenbeläge werden durch die Reibung warm, diese Wärme läßt im Stand den Schnee schmelzen. Ist der Schlitten voll beladen, sind inzwischen die Kufen angefroren. Auf Zuruf und leichten Leinenschlag wendet Manka den Kopf, sieht mich traurig an, stöhnt und beginnt mit dem ganzen Körper zu schaukeln. Diese Seitwärtsbewegung bewirkt, daß die Kufen sich lösen, darauf mit vollem Gewicht ins Kummet, ich drücke nach und schon gleitet die schwere Fracht dahin.

Das Gefühl der Freiheit hebt die Schwere der Arbeit auf. Eine Freiheit, von der man in wachen Pritschennächten träumte ist es zwar nicht, für einen in einer Masse ohne Hoffnung lebenden Plenni jedoch bedeutet sie sehr viel. Wir sehen keinen Draht, keine Türme mehr. Nachts blenden keine Scheinwerfer, keine Hunde kläffen an sirrenden Drähten entlang hetzend. Es ist ein höchstes Maß an Freiheit, das man als Gefangener erhoffen darf.

Unser Bewacher ist nur mehr ein Kontrolleur. Er wohnt in diesem Dorf, hat Frau und Tochter, kommt aber nur an jedem

Donnerstag nach Hause. Gegen Mittag taucht er bei uns im Wald auf und kontrolliert abends unser Haus. Er ist ein recht friedlicher Geselle, der zwar pflichtgemäß herummosert, jedoch keinen rechten Ernst dabei erkennen läßt.

Unser Tagesablauf bewegt sich in geregelten Bahnen. Jeweils am Morgen und abends bekommen die Pferde ihre Haferration. Wir löffeln morgens eine Suppe, dazu ein Stück Brot. Mit einsetzender Dämmerung kommen wir heim. Sind die Pferde versorgt und haben wir uns in warmem Wasser gewaschen, geht es zu Tisch. Es gibt eine Portion Gerstenbrei und das größere Stück Brot der Tagesportion. So lange die „schwarzen" Vorräte reichten, waren Suppe und Brei fast üppig zu nennen. Allmählich kommen wir auf eine normale Lagerkost zurück. So unfroh wir Hannes' leicht duftendes Sauerkraut auch hinunterwürgten, es machte die Suppen ganz schön dick. Eine Katastrophe war der Versuch, Rüben zu kochen. Und mit diesen die Suppen zu verdicken. Bei allem Heißhunger bekamen wir den „Fraß" nur mit Mühe durch die Kehle. Große Enttäuschung, wie die vielen Rüben verwerten? Heinz hatte eine Idee, in unserem Küchengeräte-Bestand befindet sich ein richtiger Fleischwolf, Paul hat ihn mitgebracht. Für Fleisch werden wir ihn nie verwenden. Freut sich doch jeder, wenn er einmal ein Fleischstückchen erwischt und möglichst lange drauf kauen kann. Heinz hat also die Rüben durchgedreht und auf diese Weise einen ganz anderen Geschmack erzielt. Von der Suppe sind wir begeistert. Glückssache!

Vom ersten Verpflegungs-Empfang kam Paul mit hoch bepackten Schlitten zurück; er brachte die Winterbekleidung mit. Unsere Enttäuschung war groß, alles nicht nur voller Flicken, nein auch noch Löcher waren drin, aus denen die Watte herauskroch. Wieder einmal die übliche Schweinerei. Die Partei-Bonzen vom „Bund Deutscher Offiziere" tragen neue oder fast neue Teile und wir müssen in jedem Wetter draußen arbeiten und bekommen den letzten Dreck.

Heute schlägt unsere Stunde. Wir sind im Wald, ich mit dem schweren Gespann Ramsan und Graban beim Langholz-Schleppen. Es ist eine mühsame Arbeit, weil die Stämme festgefroren sind, reißen die Stränge leicht. So oft, wie sich die Pferde dabei auf die Hufkrone treten, kann ich gar nicht Wasser lassen, um die Wunden zu desinfizieren. Da ruft einer: Else kommt. Und es stimmt, unsere Chefin kommt, um unsere Arbeit zu kontrollieren. Wer es sagte, weiß nachher keiner mehr, aber in Windeseile fliegt die Parole durch die Mannschaft, Löcher in der Kleidung aufzureißen. Und schon steht sie vor mir, die Herrin über 36 Pferde und die dazugehörigen Sklaven. Und ich habe eine Stinkwut, weil die Arbeit auf Grund des mangelhaften Materials nicht klappen will. Es ist nicht die erste harte Begegnung zwischen mir und der Shura Alexandrowna. Ich führe ihr meine zerfetzte Kleidung vor und fluche russisch und deutsch, wie es mir gerade über die Zunge kommt. Und was macht unsere liebe „Freundin", sie schaut noch einmal zu den anderen hinüber, dreht sich um und geht. Kein Ton, kein Geschrei?, wir kennen Else nicht mehr. Die Arbeit geht weiter.

Nach einigen Tagen muß Paul wieder zum Verpflegungs-Empfang. Kaum im Lager angekommen, wird er in das Bekleidungs-Magazin geschickt. Unter wüstem Geknurre unserer „lieben Kameraden" werden ihm einwandfreie Wintergarnituren für uns alle ausgehändigt. Ein Hoch auf „unsere Else"! Wir sehen aus wie russische Natschalnik, keine Löcher, keine Flicken, alles fast neu.

Um unsere Verpflegung aufzubessern nehmen wir täglich eine Portion des Pferdehafer, er muß allerdings erst gemahlen werden. Auf dem Dachboden des Hauses fanden wir eine Handmühle, ein einfaches Patent. In zwei Baumscheiben-Flächen sind Bruchstücke eines gußeisernen Chikuns eingeschlagen. Durch ein Loch in der Mitte wird Korn eingegeben, gedreht und das geschrotete Mahlgut läuft an den Seiten heraus. Ein Problem, die Mühle macht unheimlichen Lärm. Am direkt vor unserem Hause befindlichen Brunnen aber holen mindestens acht Familien der umliegenden Häuser ihr Wasser. So sind wir gezwungen, beim abendlichen Mahlgang eine Wache aufzustellen. Dieser Wächter steht am eingefrorenen Fenster und atmet ein Guckloch ins Eis, um den Brunnen im Auge zu haben. Manchmal müssen wir eine lange Pause einlegen, so ein Dorfplausch kann sich unheimlich hinziehen. Bei aller Mühe, schließlich sind wir von der Arbeit müde genug, ist der Mahlerfolg gering. Die Suppen werden davon kaum dicker, was tun? Paul wird einen gewagten Einsatz starten.

In ca. 12 km Entfernung, durch zwei Dörfer führt der Weg, gibt es eine Wassermühle. Paul ist von den häufigen Fahrten mit dem Müller bekannt. Noch ist der Frost nicht zu stark, die Mühle wird noch arbeiten. Paul nimmt die Giran und flitzt am Sonntag in aller Frühe aus dem Dorf, zwei Sack Hafer auf dem Schlitten. Der Tag wird uns lang, jeder sucht sich zu beschäftigen. Wird es klar gehen?, trifft er unterwegs einen Offizier des Lagers oder gar die „Else“? Auch ist es möglich, daß unsere Kameraden einschließlich Aufsicht grad bei der Mühle sind. Es gibt so viele Möglichkeiten, an denen das Unterfangen scheitern kann. Das Wetter ist ungünstig, zu klar, zu offen. Einen Schlitten kann man auf weite Entfernung sehen. Einer von uns steht immer am Fenster, Blick nach Osten über eine weite Schneefläche zum Wald. In der Senke vor dem Wald befindet sich ein Bach, an dem wir viele Löcher offen halten, um die Pferde zu tränken. Walter kommt gerade mit seinem Tschorni zurück. Die Dämmerung fällt wie ein graues Tuch über Schnee und Wald, bedrückte Stimmung im Raum. An anderen Tagen ist dieses die Stunde, in der es bei uns recht gemütlich werden kann, Gespräche kommen auf und Geschichten werden erzählt; heute kann keiner zur Ruhe finden.

Inzwischen ist es stockfinstere Nacht. Heinz geht hinaus, um zu lauschen. Bei dem klaren Frost und unserer dörflichen Stille muß das Knirschen der Schlittenkufen weit zu hören sein. Und es knirscht!, im fahlen Licht des aufgehenden Mondes kommt die Giran munter über die Fläche getrabt. Viele Hände packen an, ausschirren, Schlitten beiseite, Säcke ins Haus, Giran abreiben, füttern und tränken. Und wie ein Spuk ist wieder alles still im Haus.

Paul erzählt, es war eine Fahrt ohne Hindernisse. Kein Betrieb bei der Mühle, der Müller nicht anwesend, die Frau allein im Haus. Zunächst ein klares „Nein" ihrerseits. Nach langem Zureden gestattet sie Paul, daß er den Wasserschieber öffnet. Sie kann zwar nicht verstehen, wieso vom Lager aus nur zwei Sack Korn zu mahlen sind, nimmt dann aber Paul's Erklärung, daß es für einen der Offiziere privat ist, zwar skeptisch, aber als gegeben hin. Schließlich ist das Motto: nichts hören, nichts sehen, Mund halten, den Sowjetbürgern alltäglich.

Paul hat noch Gelegenheit, während das Korn durchläuft, der Frau beim Holz hacken zu helfen und beseitigt damit das letzte Misstrauen.

Wir haben nunmehr eine gute Zusatzkost, voller Spelzen zwar, aber die lassen sich aussieben. Und die Pferde?, noch haben wir reichlich Heu für sie. Wird die Haferration auch knapper gehalten, können sie doch genug Heu futtern.

Mitte Dezember merken wir, daß es mit dem Heu bald knapp wird, da ist guter Rat teuer. Paul weiß, daß im Sommer ein Heu-Kommando am Weg nach Balaklawa einige Heu-Diemen gestapelt hat, die bisher noch nicht abgeholt wurden. Um dorthin zu gelangen müssen wir jedoch durch das ganze Dorf fahren. Das dürfen wir nur bei Schneetreiben wagen. Wir brauchen nicht lange warten. Eines Abends setzt ein sauberer Schneesturm ein. Nach der Arbeit zwei Stunden Pause und los geht die Fahrt. Mit fünf Schlitten fahren wir in tiefer Dunkelheit durchs Dorf, vorbei am Haus unseres Konvois und dann auf den weiten Weg nach Westen. Es ist bitterkalt, der Wind kommt direkt von vorn. Der jeweilige Vordermann ist nur schemenhaft auszumachen.

Die Manka gleicht einem Eisbären. Hauptsache, die Pferde fühlen den Schlittenweg, denn neben der Spur geht es tief in den

Schnee hinein. Nach endlos scheinender Fahrt, halt. Paul glaubt an der Kontur der Buschgruppen den Platz zu erkennen, den wir suchen. Er geht auf die Suche. Mit Gewalt muß er sein Pferd durch den tiefen Schnee treiben und entschwindet im Vorhang der Schneeflocken. Tatsächlich, er ruft, jetzt nichts wie hin!

Da steht der Diemen wie ein Turm vor uns. Zwei Mann müssen nach oben. Das ist leicht gesagt, denn mit der dicken Winterbekleidung ist man fast unbeweglich. Die beiden ziehen die Pelze aus, wir schieben nach und schon sind sie oben, mit Mühe lösen sie die schwere Eisplatte ab, die sich auf dem Diemen gebildet hat und beginnen das Heu herabzuwerfen. In Windeseile wird ein Schlitten nach dem anderen beladen. Nachdem der letzte Schlitten hochbepackt ist, sind wir schweißgebadet. Der Schneesturm heult nach wie vor, kommt nunmehr jedoch von hinten, eine kleine Erleichterung. Den Pferden gelingt es nicht, die schwere Last aus dem Schnee zu ziehen und es dauert lange, bis alle fünf Schlitten mit vereinten Kräften wieder auf den Schlittenweg gezogen sind.

Erschöpft falle ich ins Heu und die Fahrt geht los. Das geht jedoch nicht lange gut. Alle paar hundert Meter kippt ein Schlitten aus der Spur. Dann müssen Vorder- und Hintermann mithelfen, ihn wieder in die Fahrbahn zu schieben, eine wüste Schinderei. Irgendwann tauchen die ersten Häuser auf, noch einmal steigt die Angst entdeckt zu werden ins Herz. Es liegen gegebenenfalls 25 Jahre drin. Es geht aber alles gut und mit dem letzten Schwung verschwinden wir hinter dem Haus. Wenn man jetzt doch endlich schlafen könnte. Das geht nicht, das Heu muß in den Stall, nun denn, der Plenni hat es gelernt sich notfalls bis zum letzten zu verausgaben, vor allem, wenn es hier um eigene Angelegenheit geht.

Mit etwas Verspätung geht's am Morgen wieder an die Waldarbeit. Der Tag wird jedoch nicht so lang, denn unsere Pferdchen sind auch müde. Sind sie doch für uns nicht irgendwelche Tiere, sondern unsere treuen Helfer, die uns gar manche Arbeit erleichtern. Wie oft geschieht es, daß einer von uns den Kopf an den Hals seines Pferdes lehnt und streichelt. Ich glaube, die Tiere spüren es auch, und sind allgemein sehr willig bei der Arbeit, so daß nur im Notfall erforderlich ist, mit einem leichten Stockschlag anzutreiben, zumeist reicht ein Zuruf aus.

Das Wetter wechselt zwischen Schneesturm und herrlichen Sonnentagen. Mit den Dorfbewohnern haben wir kaum Kontakt, im Winter verkriecht sich jeder in seinem Haus.

Unsere Abende hier draußen sind gegenüber dem Herumliegen auf Lagerpritschen fast schön zu nennen. Wir sitzen um den Tisch herum, der Bietschko verbreitet mit offenem Feuerloch eine wohlige Wärme und wir erzählen. Es gibt so vieles zu berichten aus Landsertagen und natürlich immer wieder von zu Hause. Hans Hau ist ein großer Meister im Erzählen – oder ist es Dichten? Jedenfalls bringt er uns einige Erlebnisse, die er mit seinen 22 Jahren gar nicht erlebt haben kann. Er hat drei ältere Brüder, seine „Stories" werden aus deren Erleben zusammengestellt. Was soll's, er erzählt amüsant und tischt die tollsten Sachen auf. Da geht die Zeit im Fluge dahin und die traurige Umwelt versinkt im Nebel der Fantasie.

Ab und zu besucht uns unser „Doc". Er kommt anscheinend gern zu uns. Seit einem Jahr ist er bei den Korbflechtern in der Radjisdwoer Kirche stationiert. Wir sehen ihn auch gern, denn es ist gut zu wissen, daß in nur 5 km Entfernung ein Arzt zu erreichen ist und zweitens hat er aus seinem beruflichen Bereich manch interessante Dinge zu berichten. Manchmal meint man sich in einem medizinischen Seminar zu befinden, wenn er uns besucht.

Der Paul hat Verpflegung geholt und unterwegs im Dorfmagazin Bohnenkaffee gekauft. Das gibt ein Fest, den bei unserem körperlichen Zustand und der völligen Entwöhnung anregender Getränke wirkt der Kaffee als hätten wir Alkohol getrunken. Wir sitzen am Abend um den Tisch herum und spielen das Spiel: „Es geht ein Rundgesang um unseren Tisch herum". Jeder muß ein

Lied anstimmen. Walter verschwindet plötzlich, muß mal raus, hat er gesagt. Heinz will im Küchenraum noch etwas richten und kommt höchst amüsiert zurück. Er fordert uns auf, leise in den Vorraum zu kommen; und was hören wir hier? Walter sitzt auf dem „Donnerbalken" und übt ein Lied. Anscheinend sind ihm nicht nur der Text, sondern auch die Melodie abhanden gekommen. Unser aufbrausender Jubel vertreibt ihn von seinem stillen Örtchen.

So gibt es ab und an auch Kurzweil im gleichlaufenden Tagesgeschehen. Gestern war der Posten bei uns und fand etwas Hafer vor dem Bietschko. Er regte sich entsprechend auf. Paul blieb ganz ruhig und erzählte ihm die Wahrheit. Er holte ein Blech und führte vor, wie wir uns nach dem Vorbild „Kornfrank" vor dem Ofenloch eine geringe Menge Kaffee rösten. Irgendetwas in den Bart murmelnd zog er ab. Wenn der wüßte, was wir sonst alles verzapfen – o wei!

Es geht auf Weihnachten. Wir beschließen, daß jeder für jeden ein kleines Geschenk basteln sollte. Da beginnt nun ein eifriges Werkeln. Um diese Idee möglichst lange geheim zu halten, nutz jeder den Tag seines Stubendienstes dazu aus. Denn was heißt schon Stubendienst. Zunächst Bietschko säubern, dann mit dem Reisigbesen die unebenen Bretter des Fußbodens fegen. Sodann müssen einige Gefäße mit Wasser in den Raum gestellt werden, als Waschwasser für die von der Arbeit kommenden Kameraden. Bei den zurzeit herrschenden Temperaturen zwischen -20 und -40 Grad bedarf es sonst einiger Überwindung überhaupt ans Waschen zu denken.

Danach wird der Holzvorrat ergänzt und das gehackte Holz zum Vortrocknen auf dem Bietschko gestapelt.

Der Stalldienst, den Mist der Nacht von den Ständen weg in eine Ecke schaufeln, Heu vorlegen und Hafer abfüllen ist schnell getan. Als letzter Arbeitsgang wird der Ofen angeheizt. Ist das Birkenholz gut gestapelt, brennt es sofort. Eines Tages, Walter hatte Stubendienst, wollte der Schornstein nicht ziehen, die ganze

Bude voll Qualm. Walter reißt die Tür auf und will draußen noch etwas erledigen. Nun liegen in unserem Vorraum immer Haferkörner herum, die Spatzen wissen es seit langem. Sie tun sich unter lautem Schilpen und Gezeter gütlich daran. Da kommt Heinz plötzlich aus der Küchentür, die Wohnraumtür ist offen, da schon stiebt die ganze Spatzenschar in den Raum hinein. Heinz sieht es, schließt die Tür und geht ans Einfangen. Einer saust in den Ofen, sechs stopft er in einen Sack. Da hat er sie nun, töten mag er sie nicht, das besorgt Walter. Den weiteren Verarbeitungsgang kennt Heinz aus seinen Stromertagen. Als Junge schoß er Spatzen, die wurden mit einem Zug enthäutet, mit dem kleine Finger entleert und in einer ausgehöhlten großen Kartoffel gekocht, „Trapperfrühstück" nannten sie es. Es ist Dekadenende, da gibt es bei uns immer eine Suppe, die sich aus mancherlei Resten, bei einigem Glück auch Knochenbrühe, zusammensetzt. Hier kommen auch die Opfer dieser Jagd hinein. Allen mundet die Suppe heute besonders gut. Nach dem Essen erzählen die beiden Gauner lachend, was wir da an Zutaten gegessen haben. Erst ein Schreck – doch stellen alle fest, daß die Suppe wirklich gut mundete. Über diese Sonderration wird noch manches Mal gesprochen werden.

Weihnachten kommt näher. Ich habe mir aus Birkenrinde Formen geschnitten, aus denen ich für jeden einen Kalender anfertigen kann. Außerdem bringe ich mir laufend Weidenzweige mit, um Korbteller anzufertigen. Diese Teller bringt Heinz auf die Idee, etwas Kuchenähnliches zu fabrizieren, um jedem einen regelrechten Weihnachtsteller bieten zu können. Paul weiß wie in allen Fällen guten Rat. So kommen wir zu Kokosflocken aus gepreßtem Hafer und fertigen Zuckerguß in weiß und leicht violett getönt unter Hinzufügen von Kalium-Permanganat.

Auch einen Weihnachtsbaum wollen wir haben. Wir beschließen, daß jeder einen Baum mitbringen und ihn vor der Tür in den Schnee stellen soll. Dann haben wir vor unserem Haus einen „Weihnachtsmarkt" und können den schönsten Baum für drinnen auswählen. Es macht Spaß, jetzt mit diesem Ziel zur Arbeit zu fahren. Natürlich ist jeder bestrebt den schönsten Baum heimzubringen. Gar bald ist unser Eingang von einer Fichtenschonung umgeben, ein Baum schöner als der andere. Im Grunde tut es wohl weh, diese schönen Bäume der Vernichtung preis zu geben. Aber wir wissen auch, daß in diesen unendlichen Wäldern ein einzelner Baum nicht zählt. Für unser Lager hat der große Holzschlitten vor Tagen eine einzeln stehende Riesentanne mitgenommen. Ein Prachtbaum, für eine deutsche Großstadt wäre es ein sensationeller Weihnachtsbaum. Inzwischen werden unsere Kameraden ihn vor dem alten Klostergebäude aufgestellt haben, ein schöner Platz, er ist dort vom ganzen Lager aus zu sehen und einige Lichter wird er sicherlich auch bekommen.

Weihnachten – eine harte Zeit. Vom Erwachen bis zum Einschlafen kreisen die Gedanken um die Heimat, die Eltern und alle, die einem irgendwann einmal lieb und wert gewesen sind. Wenn zu anderer Zeit die Arbeit die Sehnsucht unterdrückt, gibt es jetzt kein Ausweichen mehr. Alle Gespräche bringen zwangsläufig die Vorweihnachtszeit der Kinderjahre in Erinnerung. Jeder hat sie anders erlebt, aber in jeder Familie war sie die Zeit des Zusammenrückens, der innigen Bindung zwischen Groß und Klein.

In dieser Zeit wird manch Auge feucht und Tränen rinnen in das muffige Stroh der Pritsche.

Der „Heilige Abend" ist da. Wir sind frühzeitig aus dem Wald gekommen. Heinz und Paul haben den Raum geschmückt. In der Ikonen-Ecke steht ein schöner Baum. Nach der körperlichen Generalüberholung, saubere Unterwäsche haben wir seit dem 20. zurückgehalten, kommt fast festliche Stimmung auf. Nachdem wir unsere Suppe verzehrt haben, bringt jeder seine Geschenke an. Toll, was die Jungs sich ausgedacht haben. Walter hat für jeden einen kleinen Reisigbesen angefertigt, wir benötigen ihn zum Putzen der Pferde. Hannes hat aus einem riesigen Gepäcksack kleine Kerzen hervorgekramt. Es sind sechs Stück, mit Hilfe kleiner Drähte werden sie am Baum befestigt. Gerd opfert der Küche einen kleinen Beutel mit Kümmel, den er im Sommer mühsam gesammelt und getrocknet hat. So geht es reihum mit lauter netten Sachen. Der Kümmel bringt Paul auf den Gedanken für einen der nächsten Tage, im irgendwann erlernten Schnellverfahren ein Sauerkraut anzusetzen. Der kleine Kalender, den ich für jeden fertigte, hat mir manch traurigen Gedanken beschert. Mit jedem Monat, den ich eintrug, wurde die ungewisse Zukunft neu erinnert. Finstere Wolken zogen bei der Aussicht auf, viele dieser Monate oder gar das nächste Jahresende noch hier verleben zu müssen.

Doch was nützen traurige Träume, heute ist heute. Versuchen wir halt, das Beste daraus zu machen. Wir tragen die Weidenteller mit den Keksen herein, die wir mit viel Mühe und noch mehr Glück gebacken haben. Freude erfüllt den Raum. Wir zünden die Kerzen an und singen ein Weihnachtslied. Der Kaffee, den wir trinken, zeigt allerdings nicht die Wirkung, wie an sonstigen Tagen. Die Stimmung bleibt sehr besinnlich. Bevor wir uns schlafen legen, gehen wir noch einmal zu den Pferden. Auch sie sollen an Weihnachten teilhaben. Eine Hand voll Hafer und vielleicht gar ein Stückchen Brot ist ihre weihnachtliche Sonderzuteilung.

Am ersten Weihnachtstag erscheint der Sergeant. Er sieht unseren Baum, betrachtet die Kerzen, sagt nichts und geht.

Am nächsten Tag sind wie üblich mehrere Frauen am Brunnen. Sie halten sich besonders lange auf und Heinz, der allein im Haus ist, bemerkt, daß sie immer das Haus ansehen. Was mag es bedeuten?

Schließlich geht Heinz hinaus und holt einen Arm voll Holz. Eine Babuschka spricht ihn an und fragt nach dem Baum im Zimmer. Darauf fordert Heinz die Frauen auf, einzutreten. Zögernd folgen sie ihm. Wie sie nun alle vor dem Weihnachtsbaum stehen, zündet er auch noch die Kerzen an. Mit kindlichem Staunen, sich leise murmelnd bekreuzigend, stehen die zumeist alten Frauen vor diesem Weihnachtswunder. Sodann ziehen sie sich unter lebhaften Dankesbezeugungen zurück. Das war unsere vierte Weihnacht fern der Heimat.

Den Beginn des neuen Jahres ignorieren wir. Keiner mag daran denken, daß es noch wieder ein Jahr in Unfreiheit, Ungewißheit und Aussichtslosigkeit werden kann.

Mit dem Beginn des Jahres müssen uns zwei Kameraden verlassen. Ihr schweres Gespann, mit dem ich bisher die Langholzstämme an den Fahrweg schleppte, wird im Lager gebraucht. So bleiben wir noch fünf Kutscher, Heinz und Paul. In den letzten Tagen ist viel Schnee gefallen. Da heißt es „vor Ort" schwer wühlen, um eine erste Spur zu legen. Für die Pferde ist die Arbeit anstrengender geworden. Und eines morgens steht die Muska, unsere Kleinste, im Stall und hat Anzeichen, daß sie verfohlen wird. Die Fruchtblase tritt bereits aus, da sind wir hier draußen hilflos. Wir führen sie vorsichtig aus dem Stall und merken, daß sie läuft, als sei nichts geschehen. Da macht Hannes sich bereit und führt sie zurück ins Lager; ein langer bitterer Weg. Schließlich hängt jeder an seinem Pferd. Spät am Abend ist Hannes zurück und bringt den Malik mit. Die Muska hat die zwanzig Kilometer gut überstanden. Zäh sind sie allemal, diese kleinen Pferdchen.

Die Kälte nimmt täglich zu. Es sind sonnige Tage, aber bitterkalt. Die Frauen am Brunnen sprechen von -40 Grad. Unsere Norm klotzen wir in einem Zuge runter, an Pause denkt bei Kälte keiner. Zum Glück ist der Wald um den Kahlschlag herum sehr dicht, daß der Wind gar nicht so sehr hineinfegen kann. Die Arbeit fließt auch schneller, weil die Spuren nach wenigen Fahrten spiegelblank werden. Mir soll diese Glätte allerdings nicht gut tun. Mit einem überschweren 2m-Stamm auf den Armen rutsche ich aus und falle auf das bereits auf dem Schlitten liegende Holz. Trotz schnellen Zurückziehens der Hände erwischt es den Nagel meines rechten Mittelfingers. Erste Reaktion, Handschuh aus. Was ich sehe, der Nagel ist aus seinem Bett gerutscht. Was tun? Ich packe die Fingerkuppe, drücke und schiebe und schon ist die hintere Nagelspitze wieder unter die Haut gerutscht. Vermutlich hat mir die Kälte geholfen und den Schmerz abgelenkt. Und jetzt? Taschentuch (Lappen) rum, Handschuh an und heimwärts. Im Dorf angekommen helfen die Freunde die Stämme entladen und Manka zu versorgen. Ich übergieße derweil meinen Finger mit Jod – „Der Indianer kennt keinen Schmerz", haben wir als Jungen gesagt, na also. Verband drum und abwarten, warten? Worauf? Auf den Schmerz, der ist schon da. Schlimmer ist die Angst um eine Entzündung, das würde das Ende in dieser Wildnis bedeuten. Die Nacht wird lang. Ich finde keine Ruhe und wandere auf und ab. Noch am Abend haben die Kameraden beschlossen, daß ich erst einmal Stubendienst machen soll. Nach einigen Tagen werden wir weitersehen. Gegen Mittag ist das Klopfen im Finger nicht mehr so arg.

Während Heinz am ersten Tag noch viele Tätigkeiten für mich übernehmen muß, habe ich am zweiten Tag bereits mit der linken Hand eingearbeitet. Der Finger ist ruhig, bleibt allerdings sehr empfindlich gegenüber jeder Berührung.

Nach drei Tagen helfe ich meine Manka auszuspannen und am vierten bin ich wieder mit auf dem Weg ins Holz. Beim Anspannen hilft mir einer und auch draußen faßt jeder, der grad in der Nähe ist, mit an. Das allerdings gefällt mir nicht, schließlich hat jeder mit seiner eigenen Norm zu tun. Nach wenigen Tagen bin ich so weit, daß ich diese freundschaftliche Hilfe ablehne. Mit der linken Hand komme ich inzwischen gut zurecht, wenn es auch mehr Zeit bedarf, die Norm zu schaffen. Bis Einbruch der Dunkelheit bin ich allemal fertig und den Heimweg findet meine Manka selbst in der dunkelsten Nacht. Nur gar zu spät darf es nicht werden, man weiß nie, ob die Wölfe nicht in Dorfnähe herumstrolchen. Haben wir selbst auch noch keine bemerkt, wissen die Dorfbewohner doch allerlei Geschichten zu erzählen.

Eines Morgens zieht die Giran eine Hinterhand nach. Ich untersuche es und finde eine kleine, unscheinbare Wunde im Fell, kein Blut, aber das Sprunggelenk ist geschwollen. Mist, was tun? Zumindest muß sie erst einmal im Stall bleiben. Verband drum und diesen feucht halten, daß es kühlt, ist alles, was ich hier unternehmen kann. Wir melden es dem Konvoi. Seine Antwort: budjet, der Trost in allen Fällen. Keine Hilfe, kein Pferdetausch, arme kleine Giran. Sie schaut mich mit ihren großen blauen Augen so traurig an, wenn ich versuche, sie zu trösten.

Der zweite Holzplatz ist gegen Ende Februar geräumt. Uns ist dabei nicht wohl zumute, weil wir das Ende des „freien" Plennilebens kommen sehen. Und gar bald ist es auch soweit. Was aber machen wir mit Giran. So wie sie das Bein nachschleppt, kann sie unmöglich ins Lager laufen. Ich wage es schließlich, eine etwas absurde Idee auszusprechen, „sie muß auf einen Schlitten". Ha, ein vielstimmiger Schrei: Du spinnst!, lachen, bekloppt! Gut, ich glaube selbst, daß ich spinne, aber sag einer wie es anders gehen wird. Nach einer Weile sagt einer, „wenn du meinst, aber wie?"

Der Tag der Abfahrt (und Trauer) ist gekommen. Da steht es nun „unser Haus", das Heim, das uns nach dem Barackenleben wie ein Zuhause vorkam. Doch was soll die Trauer, wir haben jetzt ein Problem. Mein Vorschlag: Schlitten seitwärts hochheben, Manka in der Nähe, Giran heranführen und Rumpf und Hals vorsichtig an den Schlitten binden. Und was ist, wenn sie um sich schlägt?, ja was wohl, dann eben weg von den Beinen. Ganz vorsichtig wird gebunden, Giran bleibt ruhig. Ich nehme ihren Kopf, nehme ihn fest in die Arme und spreche ihr gut zu. Sie spitzt die Ohren, hört anscheinend auf die beruhigende Stimme. Jetzt wird der Schlitten ganz langsam gelegt und ich gehe mit Girans Kopf hinunter, bis der Schlitten auf den Kufen steht. Es ist fantastisch, die Giran hat nicht einen Schnaufer des Unwillens von sich gegeben. Ringsrum stehen die Kameraden und bestaunen dieses Ereignis. Ich bleibe noch bei Giran bis Manka eingespannt ist und dann geht die Fahrt los in Richtung

Lager. Zunächst fahren wir besonders vorsichtig, doch bald geht es in das normale Tempo über. Das „brave Mädchen" liegt und rührt sich nicht, sie liegt wie im Schlaf. Daß diese Last schwerer ist als ein der üblichen Schlittenladungen merke ich meiner Manka sehr bald an, sie ist klatschnaß. Und während die anderen Kutscher den ganzen Weg halb liegend, halb sitzend auf dem Schlitten verbringen, bin ich gezwungen die 23 km zu Fuß abzulatschen. Russen, die uns begegnen, können es einfach nicht fassen, wenn wir ihnen erklären, daß das Pferd lebt. Willi, dem Stallmeister, und unseren Kutscher-Kameraden ergeht es ebenso. Das Aufstehen bewerkstelligen wir in gleicher Weise – alles ganz einfach und wenn es nicht so traurig wäre, fast ein Triumpf. Und damit endet eine Zeit der fast vollkommenen Freiheit, die oft die Last der täglichen Arbeit vergessen ließ.

Das Lager hat uns wieder. Es ist schon bedrückend, sich wieder an die Masse und die Enge zu gewöhnen. Und draußen beginnt die täglich gleiche Leier, raus aus dem Stall, anspannen, Holz fahren oder Stalldienst machen.

Neues Jahr, neue Hoffnung

Der Stall ist tiefgefroren, die Jauche läuft über das Eis. Der Stalldienst muß sich beeilen, den Dung möglichst noch warm beiseite zu schaffen, bevor er angefroren ist. Die Pferde, die wir „Oszinowezer" monatelang nicht zu Gesicht bekamen, sind kaum wiederzuerkennen. Als wir im November hinauszogen war das Fell noch kurz, jetzt sehen sie alle aus wie Bären. Bei unseren eigenen ist uns diese Entwicklung nicht aufgefallen. Natürlich müssen auch die Wasserfässer laufend eisfrei gehalten werden.

Unsere Hauptarbeit in diesen Tagen besteht in kurzen Holz- und tagelangen Kartoffelfahrten. Daneben laufen die täglich erforderlichen Fahrten ins Lager für die Küche und die Bäckerei.

Nach all dem Einerlei wieder ein Sondereinsatz: Mehltour. Daß derartige Fahrten in diesem Winter bereits stattfanden, stelle ich bald fest. Meine beiden Kameraden haben es sehr eilig, das Korn aufzuladen und dann in die Schlittenspur zu fahren. Ich stehe als dritter hinten und – gewußt wie – auf diesem Schlitten fährt der russische Begleiter mit, um alle Schlitten „im Auge" zu behalten. Nun denn, es sei. Und so steigt die uns allen bekannte, ca. 30-35 Jahre alte Tschura mit auf meinen Schlitten. Was soll's, auch ich werde mein Teilchen Mehl beiseite schaffen.

Es wird später Nachmittag bis wir die Mühle erreichen. Vor uns sind bereits zwei Gruppen aus den umliegenden Dörfern eingetroffen. Ein Original Großväterchen Ivan mit zwei Jugendlichen sowie eine Babuschka mit einer jüngeren Frau. Da werden wir lange warten müssen. Nach langer Verhandlung tauscht Tschura beim Müller Korn ein, damit wir uns am Abend eine Suppe genehmigen können, die wir in einem vom Müller geliehenen Chikun zubereiten.

Jetzt müßte man irgendwie schlafen können, wir sind alle in einem Raum. Tschura bleibt auf der Bank hocken, ich krieche in eine Ecke, Wilfried und Hans legen sich auf den Bietschko. Das allerdings gibt ein Mordsgeschrei, denn dort haben sich bereits die beiden Frauen niedergelegt. Hans streicht schnell die Segel und verkrümelt sich in die Ecke. Wilfried jedoch läßt sich nicht vertreiben und nach langem Palaver wird es schließlich still. Um einer eventuellen Gefahr vorzubeugen liegt die Babuschka zwischen Wilfried und der jungen Frau, na denn gute Nacht.

Ich mache einen Gang zu den Pferden, die Mühle rumpelt ihr eintöniges Lied durch die sternenklare Nacht. Wie ich wieder aufs Haus zugehe, steht im hellen Mondlicht eine splitternackte Frau vor mir, hebt einen Eimer, gießt sich Wasser über den Körper und schon ist sie wieder verschwunden. Eine Erscheinung wie im Märchen. Es war die Müllersfrau, sie hat im Feuerloch des Bietschko ein Schwitzbad (Saunaersatz) genommen. Eine einfache Methode, die nach Berichten der Kameraden üblich ist.

Die Nacht geht recht und schlecht vorüber. Babuschka hat Wilfried nichts getan, er ihr auch nicht. Wir führen wieder den Kampf um eine Suppe und warten .... Am späten Nachmittag sind wir dann endlich mit dem Mahlgang durch und können die Schlitten beladen. Fahrtfolge wie gehabt.

Auf geht's dem Lager zu. Ich bin gut mit Mehl versorgt. Ein schmaler langer Beutel reicht vom Gürtel durch den Schritt hindurch bis zum Gürtel, einer füllt die leider einzige Tasche der Wattehose und einer befindet sich in der Innentasche der Wattejacke. Eine gute Portion für Heinz und mich. Die Pferde trotten munter drauf los, wir liegen lang auf den Mehlsäcken und blicken den klaren Sternenhimmel an. Meine Gedanken fliegen in die Ferne. Der Schlitten ist schmal, Tschura liegt eng an mich geschmiegt. „Wie heißt Augen auf Deutsch? Du hast blaue Augen". Wie heißt Mund ...." – es ist nicht zum Aushalten! Da liegt man nun als armer Plenni, hat sich an eine Vollblutfrau geschmiegt, ist sicher, daß sie zu einigem bereit wäre und .... denkt an todsichere 25 Jahre. Es wäre nicht der erste Fall. Ja, wenn die Mehlbeutel nicht wären, sehe es anders aus. Aber wenn Tschura die vollgestopften Mehlbeutel entdeckt und dann die der Kameraden gewiß auch noch aufspürte, wäre der Teufel los. Schließlich hat auch sie unter solchen Voraussetzungen harte Strafen zu befürchten und ich wäre bei meinen Kutscherfreunden total abgemeldet. Also nein.

Irgendwann sind wir am Magazin, abladen, Stall, ausspannen und ab ins Lager. Die Posten nehmen es zu dieser nächtlichen Stunde nicht so genau, so geht alles klar. Noch lange kann ich nicht einschlafen, die Gedanken um Tschura und alles, was hätte sein können lassen mich nicht zur Ruhe kommen. Und sie denkt gewiß: welch ein Trottel! Am nächsten Tag treffe ich sie, sie ist hellauf empört. Der Magaziner behauptet, es fehle Mehl, jetzt werde auch ich laut: Dieser Lump, der hat es wohl selbst verschoben oder der Müller? Nein --- wir machen so etwas doch nicht, wie hätten wir es auch anstellen sollen? So trennen wir uns in Freundschaft und schimpfen beide auf die „lieben Genossen" Funktionäre.

Zeichen ersten Tauwetters. Mit Begeisterung begrüßen wir die ersten wirklich wärmenden Sonnenstrahlen. Für uns Kutscher wird allerdings eine härtere Zeit eintreten, die Schlittenwege werden weich. Es ist Sonntag, strahlende Frühlingssonne steht am wolkenlosen Himmel. Willi hat mich zu Tschura geschickt, Holz fahren. Sie wohnt im nächsten Dorf hinter Taliza. Mir gefällt ein derartiger Auftrag, besser als im Lager herumhängen. Das letzte Haus im Dorf ist leicht gefunden. Tschuras Mann steht vor der Tür und gleich sind wir auf dem Weg. Wir erreichen den Wald und haben bald die Fuhre geladen. So geht es ein zweites und auch ein drittes Mal. Ein herrlicher Tag. Die Sonne zeigt Mittag an, während wir die vierte Fuhre laden. Es ist richtig warm geworden und das wird uns zum Verhängnis. Meiner armen Manka wird diese Fuhre zur Qual. Ständig sackt sie mit ihren kleinen Hufen durch den brüchigen Schnee. Wir versuchen, soweit es geht, zu helfen, brechen beim Schieben aber selbst im Schnee ein. Nach vieler Mühe erreichen wir total erledigt das Haus. An weitere Fahrten ist nicht zu denken. Die beiden Russen sind froh, wenigstens dieses Holz erst einmal im Haus zu haben.

Ich werde ins Haus gebeten, Mittagszeit. Drei Kinder sitzen am Tisch, es gibt Bortschsch. Die drei Kinder schlabbern munter drauf los. Tschura meint sich entschuldigen zu müssen. Weil sie die Einzige ist, die deutsche Worte kennt, kann sie ihre Gedanken offen darlegen: "Bei euch ißt man anders". Auf meine erstaunte Frage, wie sie darauf komme, erzählt sie, daß sie lange in Archangelesk gearbeitet hat und viel Deutsche kennenlernte. Archangelesk, Hafen, Sprachkenntnisse - es sind nicht die besten Gedanken mit denen ich Tschura's Lebenslauf zurückverfolge. Nun denn, es ist nicht meine Sache. Eines muß Tschura dann noch loswerden, uns Gefangenen stehen 65 g Fleisch pro Tag zu (Offz. Portion), ihrem Mann, er ist Wachsoldat, nur 50 Gramm. Zustehen ist leicht gesagt, daß wir von Fleisch selten etwas spüren, steht auf einem anderen Blatt. ----

April, die Sonne strahlt mit voller Kraft. Von den Dächern tropft es, riesige Eiszapfen poltern mit Getöse zur Erde. Frühling in Sicht. Es ist einerseits herrlich, die erwachende Natur zu erleben, andererseits empfinden wir Kutscher wohl alle leichte Wehmut, Schlitten ade. Irgendwie war der Winter bei aller Kälte eine schöne Zeit mit seinem Hauch von Schlitten-Romantik. Hart wird der Übergang werden, wie auch im Herbst vor dem Frost sind es für uns Kutscher und unsere Pferdchen die härtesten Wochen. Schlamm bis an die Achse und Knie. Zunächst allerdings ist noch Schlittenzeit.

Wir fahren Mist. Es ist ein fröhlich flottes Hin und Her zwischen Kuhstall und Acker. Am Stall laden die Kameraden der Landwirtschafts-Kompanie in Gemeinschaft mit einigen russischen Mädchen den Mist auf und wir laden die Fuhre auf den schneebedeckten Feldern ab. Der Schnee ist beidseits des Schlittenweges bereits geschmolzen. Teils haben sich Seen gebildet, weil das Wasser nicht abfließen kann. Da muß der Kutscher sehr Acht geben, daß der schwere Schlitten nicht abrutscht. Und wieder einmal ist es Hannes, der Unglücksrabe, der seinen Weg über einen bereits unterspülten Pfad wählt. Plumps, weg war er. Ein herrliches Bild, das uns lange im Gedächtnis blieb. Der arme

Schimmel Korschun im braun gefärbten Wasser und Hannes bis zum Bauch drin stehend, um den Korschun auszuspannen. Herausziehen unmöglich.

So gehen die Tage ins Land mit guten und bösen Stunden. Die letzte Nacht war für mich eine böse, weil sehr mühsame Stunde. Seit Tagen hat es geregnet. Die Wege haben sich in die grundlosen, jedem Soldaten bekannten Rollbahnen verwandelt. Nach dem Motto, vielleicht ist es am Rand noch etwas fester, wächst die Breite der Straße oder eines Weges mit beginnender Regenzeit von der Mitte her immer mehr in die Breite. Erst ein Graben, wenn überhaupt vorhanden, oder ein noch weicherer Ackerboden können dieses Suchen nach festerem Grund bremsen. Und in diesem Schlamassel bekomme ich einen Sonderauftrag: Zwei Uhr nachts, Abfahrt nach Grjasowez, um dort um fünf Uhr den Zug zu erreichen. Na, denn Prost –

Meine beiden russischen Begleiter sollen mit einem zweiten Dogcart meiner Spur folgen. Die Nacht ist stockfinster. Ich habe den kleinen Welikan dabei, vor dem anderen Dogcart geht die Kroschka. Willi versucht mir einen einigermaßen befahrbaren Weg zu beschreiben, ich kenne diesen Pfad, oder was es sein mag, nicht. Schließlich sagt er, lass den Welikan man laufen, er kennt den Weg. Kaum sind wir hundert Meter vom Stall entfernt, Geschrei, bei der Kroschka hat sich der Bauchriemen gelöst. Die Deichsel schnellte hoch und meine beiden Gäste wären fast in den Dreck gefallen. Ich also rin in die Schiet und den Riemen festgezurrt. Weiter geht's, such kleiner Welikan, such den Weg. Aber das wird wohl nichts. Schemenhaft tauchen die Gebäude der Flachsfabrik auf. Noch etwas weiter stehen wir anscheinend direkt am Acker. Aus, vorbei. Am Rande des Feldes führe ich den Welikan mühsam durch bis an die „Rollbahn". Schwer schnaubend arbeitet sich auch die arme Kroschka durch den Dreck, die beiden Herren sind natürlich nicht abgestiegen. Jetzt ist wenigstens die Richtung klar, aber oh, wie ist der Weg nach Grjasowez plötzlich so weit. Auch innerhalb der Stadt sind die

Straßen kaum fester. Jetzt kann man verstehen, warum die „Bürgersteige" aus ca. 20 cm hoch liegenden Stegen bestehen.

Wir sind am Ziel. Die beiden Russen leicht vergnascht, meine Pferdchen müde und ich – vergessen wir's ---. Gemächlich zottele ich durch die nächtlichen Straßen zur „Else", wie wir unsere Kolchosen-Chefin nennen. Um sieben Uhr soll ich mich bei ihr melden. Vor der Haustür angekommen, gebe ich meinen Pferdchen das mitgebrachte Heu und rolle mich auf dem Sitz zusammen. Schließlich zeigt sich ein blonder Wuschelkopf in der Tür, meine Chefin."Geinz, da bist du ja, komm rein". Drinnen prima warmer Mief, tut nach einer derart strapaziösen Nacht gut. Im Zimmer huschen zwei kleine Mädchen in Nachthemden herum. Welch ein Anblick für einen Plenni, dessen derartige familiäre Erinnerungen eine Ewigkeit zurück liegen. Die kleinere Maid, ca. 5 Jahre alt, packt einen Kanten Brot, taucht ihn in Milch und mampft ihn mit Genuß. Dabei stellt sie sich vor mich, um mich, den Neuen, erst einmal mit großen Augen zu begutachten. Die Mama beginnt derweil im gleichen Zimmer die Morgentoilette. Eisernes Dreibeingestell, Emailleschüssel und Seifenschale. Gern hätte ich dabei mit meinen entwöhnten Augen mehr von ihrer Schönheit erhascht, aber sie behielt sittsam ihr Hemdchen an. Nun ja, was hätt' es mir auch bringen können, schließlich nur Unruhe, bei einem Plenni völlig fehl am Platze.

Nachdem die Else ihre Locken durchgestriegelt hat, setzt auch sie sich an den Tisch und wir trinken gemeinsam unsere Milch und essen einen Kanten trockenes Brot dazu. Aufbruch sodann im Eiltempo. Madame schnappt sich meine leichtere Kutsche und ich mit der Kroschka hinterher. Irgendwo in der Stadt holen wir zwei Veterinäre ab. Pferde, Rinder und Schweine müssen untersucht werde. Die beiden Ärzte fahren mit Kroschka vorab und wir hinterdrein. Während ich den Welikan im ruhigen Trott hinterher kutschiere. Da entreißt Else mir die Leine, treibt das Pferd wie eine Furie durch den Schlamm und sieht mit jubelnder Freude wie der Schlamm unseren Vordermännern um die Ohren fliegt. Ein echt russisches Gemüt.

Willi, unser Stallmeister, hat mir einen miesen Job verpaßt, die Zone pflügen. Die Zone, eigentlich Sicherheits-Zone, ist der Raum, der von keinem betreten werden darf. Wer diesen Zwischenraum, zwischen den beiden Zäunen betritt, wir ohne Anruf erschossen. Damit nun bei eventuell erfolgtem Ausbruch der Durchschlupf schnell zu finden und außerhalb des Lagers die Spur aufzunehmen ist, muß hier die Erde ständig gepflügt werden. Im Laufe des Sommers wird dann in kurzen Abständen nachgeeggt. So ziehe ich nun zwischen den Drähten herum und laß mein Pferd, es ist die Malinka, die dürre Bosnierin, gedankenlos in den Bach, die Nurma, hinein tapsen. O, weih, sie springt zurück und hat ein Stückchen Stacheldraht am Huf hängen. Daran habe ich nicht gedacht, ist ja selbstverständlich, daß der Bach auf diese Weise gesichert ist. Muß ich also wenden und das mit diesem langen Gaul und dazu noch den schweren Pflug mitzerren. Ich bin froh, daß diese Arbeit nach vier Tagen überstanden ist. Ich kam mir wie ein Schurke, ein Feind des ganzen Lagers, vor. Eine unangenehme psychische Belastung.

Heute habe ich für die Holzschuhmacher Material ins Lager gefahren. Der kurze Aufenthalt im Außenmagazin war ganz rentabel. Ist der deutsche Gehilfe des russischen Magaziners auch ein „Politischer" mit dem Abzeichen des Bundes Deutscher Offiziere auf dem Ärmel, hat er sich doch herabgelassen, mir meinen schäbigen Mantel in ein ganz manierliches Stück umzutauschen. Vielleicht hat der seit Tagen strömende Regen mit dazu beigetragen.

Stalldienst, fahren, pflügen, eggen des Kutschers Tageslauf. Ein Nachtauftrag bringt Abwechslung. Von der Bahn in Balaklawa sind zwei Russen abzuholen. Den Weg kenne ich nicht. Er wird mir grob beschrieben, Richtung immer Südwest, Bahngleise nicht überschreiten, links davon kommst du immer hin. Los geht's, es ist herrlich ganz allein durch Gottes freie Natur zu kutschieren. Der Welikan, ein später Wallach mit prächtig ausgeprägtem Hals, geht einen flotten Trab. Seine 10 cm lang gestutzte Mähne schaukelt voll und buschig von einer Seite zur anderen.

Die Fahrt geht durch Felder, Wiesen, Busch und Wald. Es wäre die gegebene Natur für Rehwild, aber leider scheint es hier keines zu geben. Vögel aber gibt es genug, sie füllen mit ihrem Gesang die letzten Stunden des scheidenden Tages. Ihr Gesang ist unser ständiger Begleiter.

Wenn wir in aller Frühe auf die Weide gehen, um die Pferde zu holen, singen ringsum die Laubsänger ihre trillernden Weisen. Wenig später stimmen dann Finken und Amseln mit ein. Die Sonne neigt sich und der Himmel bekommt eine orangefarbenen Schimmer (Orangen?.... lang ist's her). In diesen Momenten kommt schon mal der Gedanke, was ist, wenn ich einfach weiterfahre?, immer der Sonne nach in Richtung Westen ..... Gut, die Haare sind wieder gewachsen und einigermaßen bei Kräften fühle ich mich auch, aber der Weg ist weit und jeder Mensch, mag man ihm zufällig oder in größter Not bewußt begegnen, bedeutet das Ende eines derartigen Wagnisses. Zudem ist hintergründig immer das Fünkchen Hoffnung, genährt durch „bombensichere" Parolen, am Glimmen, daß irgendwann das legale Ende dieser Tage kommen könnte.

Nach ca. zwei Stunden bin ich an der Bahn. Von fern rauscht der Zug heran. Es ist die „Strecke unserer Sehnsucht". Meine beiden Passagiere haben den Plenni gleich erkannt. Nach kurzem spärlichem Wortwechsel geht's auf den Heimweg. Die Sonne ist längst am Horizont versunken und gar bald ist es Nacht. Ein klarer Sternehimmel breitet sich aus. Mein Welikan tut sich manchmal recht schwer, so daß ich inzwischen abgesessen bin. Mag sein, daß ein wetterbedingter Luftdruck seiner Dämpfigkeit zu schaffen macht. Als junges, hübsches Tier ist er vermutlich zu früh vor der Kutsche im Höchsttempo gejagt worden, bis dann dieser schwer zu behebende Zustand eintrat. Es ist spät in der Nacht, bis ich das Lager erreiche. Die Tür zur Haferbox steht offen, da bekommt der Brave eine Sonderration.

Am nächsten Morgen darf ich etwas später an die Arbeit. Für Frühaufsteher gibt es Arbeit im Stall. Wir wollen den Hofplatz mit all seinen Löchern und Pfützen einebnen, ein ruhiger Job. Keine Norm, die Zeit nicht abzuschätzen. An dieser Arbeit kann man sich über Tage festhalten. Es beginnt mit dem Lockern der Erde, dann eine Fuhre Sand drauf, planieren und von dem von weit her geholten Sand ist nichts mehr zu sehen.

Ein sonniger Sonntag, plötzlich Alarm: Raustreten mit „alles Bagage"! Mein Gott, können die einem denn keine Ruhe gönnen. Wie sich schnell herausstellt, gibt es eine oberflächliche Filzung und die Baracken sollen desinfiziert werden. Und das natürlich wie üblich ohne Voranmeldung. Da beginnt ein großes Gewühl. Jeder schleppt seinen Strohsack, den „Dawai-Sack" und diverse Blechbüchsen aus der Baracke. Dann geht ein Trupp, bewaffnet mit Eimern voll Chlor-Flüssigkeit hinein und pinselt die Pritschenecken aus. Auch wird noch alles Holz mit dem Zeug besprüht. Ein weiteres Kommando brennt mit der Lötlampe die Risse aus, das soll angeblich alle Wanzen vernichten. Denkste, die Viecher sind bereits in der nächsten Nacht wieder voll in Aktion.

Erst gegen Abend wagen wir es wieder, die Baracke zu betreten. Es wird eine entsetzliche Nacht.

Hermann, der Schmied, hat mir den Lager-Friedhof gezeigt. Ein Fleckchen Erde im Busch, ein trostloser Ort, kein Grab, kein Kreuz und somit auch kein Name, nicht festzustellen, wieviele unserer Kameraden hier nur einfach verscharrt wurden. Heute ist es so, daß Schwerkranke nach Grjasowez oder Wologda verlegt werden und wir sie dann nie wiedersehen und nichts mehr von ihnen hören.

Kutschers Freud und Leid

Die Kartoffel-Legezeit bringt uns wieder gute Zusatzkost. Haben wir eine Portion "an Land gezogen", können wir sie bei unseren Schmieden, Hermann und Hans, abgeben. Je nach Lage des Ackers, können wir sie dann am Mittag oder Abend heißhungrig verschlingen. Es kostet uns nur wenig „Prozente", die beiden sind gut ausgefuttert.

Eine Portion selbst zu kochen ist oftmals sehr schwierig. Das haben wir gestern festgestellt. Heinz und ich machten Mittagspause. Die Pferde waren in der Nähe an langer Leine am Grasen. Wir saßen an unserem natürlich rauchlosen Feuer und träumten dem Genuß der Kartoffeln entgegen. Plötzlich ein Schrei, Giran ist los!, da geht sie hin und trabt gemächlich dem Lager zu. Zu Fuß einholen unmöglich, ich meine Manka geschnappt, Leine los, aufsitzen und im Galopp durch den Wiesengrund, der Giran den Weg abschneiden war eins. Das ging noch einmal gut, hätte einen Mords-Klamauk gegeben, wenn die Giran alleine beim Stall angetrabt wäre. Irgendwer hat mich galoppieren sehen, den Grund nicht begriffen und prompt wirft mir Willi am Abend vor, mit abgearbeitetem Pferd ein wildes Rennen veranstaltet zu haben. Ich habe ihm alles erklärt, einschließlich der Kartoffel, da knurrt er nur noch, dann bindet sie wenigstens richtig fest.

Bald kommt das Heu, wir müssen die Scheune ausbessern. Da werden Latten von Pfosten zu Pfosten gezogen und mit dünnen Stangen aus dem lagernahen Busch verflochten. Der Busch, unsere stets griffbereite Holzquelle, besteht aus wildem Wuchs von vier bis sechs Metern Höhe. Die Plenni haben hier viele Pfade getrampelt, die den Busch nach allen Richtungen durchziehen. Einer dieser Wege hat eine besondere Bedeutung, er endet an einem Rübenacker. Die Rüben sind so weit, daß sie bald gezogen werden. Nehmen wir halt den anderen die Arbeit ab, sagt ein Kutscher, verziehen wir die Rüben. Klar, das gibt Zusatzkost. Plötzlich steht ein Kessel mitten im Busch. Kopp, der Hamburger, macht den Koch. Bei den vielen Kutschern fällt es zurzeit kaum auf, wenn einer fehlt. Jeder Fahrer verpflichtet sich, bis zur Mittagszeit einen Kopfkissenbezug Grünkohl abzuliefern. Da wird in aller Frühe eifrig gerupft, was die Finger nur greifen können. Die Art des Verziehens wird dem Fachmann gewiß nicht gefallen. Bei der abendlichen Heimfahrt darf sich dann jeder Lieferant einen Schlag Gemüsebrei abholen. Die Sache geht ca. drei Wochen gut, da kommt der „Schleicher" der Hilfsagronom auf die Spur. Kopp kann unerkannt entkommen und zum Glück wird am Abend auch kein unwissender Abholer abgefangen. Der Schleicher hat's der Chefin anscheinend nicht erzählt, wohl, weil sein Einsatz erfolglos war.

Gerd, der Molkerei-Fahrer ist krank. Ich bin Ersatzmann, eine feine Sache. Vier Milchkannen werden auf einen leichten Wagen geladen und ab geht's nach der ca. sechs km entfernten Molkerei. Gerd hat ein Einsehen mit mir und gibt mir noch einen Tipp, unbedingt einen Becher mitzunehmen, um unterwegs so viel Milch wie möglich aus den Kannen zu schöpfen. In der Molkerei angekommen, soll ich mich nach dem Bottich mit der Buttermilch umsehen, nach höflicher Anfrage erlauben die russischen Arbeiter auf jeden Fall freies Schöpfen, so viel man mag. Ich hau rein, daß ich nach drei Tagen fast keine Milch mehr sehen kann und ein Wunder, daß es mir keinen Durchfall bescherte. Es ist aber auch eine einmalige Chance, die mir so leicht nicht wieder geboten wird. Bin direkt traurig, daß Gerd so schnell wieder gesund wird – so gemein und egoistisch können die Gedanken eines Plenni sein.

Der übliche Kutschertrott hat mich wieder. Hier eine Fuhre, da eine Fuhre. Am Sonnabend brauche ich am Nachmittag nicht arbeiten, ich muß am Sonntag ganz früh in den Wald – Sonntag? Und ganz früh? – nitschewo. Anhand einer Skizze erklärt Willi mir, daß in ca. vier km Entfernung ein Stapel gut getrockneten Holzes liegt.

Dieses Holz wird dringend benötigt, um für die Schmiede Holzkohle zu brennen. Um 6.00 Uhr bin ich unterwegs. In der

Schneise angekommen, geht mir ein Licht auf über Tag und Tageszeit: Diebeszeit!, das Holz liegt in einem Kolchosenwald. Ich finde den Stapel und stelle fest, daß das Holz Trockenstreifen, an beiden Seiten ein Streifen entfernte Rinde hat, eine Art, die bei unseren Lager-Holzkommandos nicht üblich ist. Es ist für mich eine ganz heiße Sache. Werde ich erwischt, geht es auf mein Konto, im Lager wird keiner dafür geradestehen. Mir wird nicht nur vom Aufladen warm. Schnell ist der Wagen aufgeladen und ab geht die Post. Am nächsten Kreuzweg passiert es dann, zwei Russenjungen kommen im Querweg hoch. Sie sehen das Holz und fangen wild an zu fluchen. Zu meinem Glück sind sie erst ca. 12 Jahre alt, so daß sie es nicht wagen mich anzugreifen. Ich treibe die Pferde an, der Weg ist hier so fest, daß er sogar einen Trab erlaubt. Mit der Drohung, sofort den Dorfältesten zu holen, verschwinden die beiden. Zum Glück wird auch der Dorfsowjet höchstens ein Fahrrad zur Verfügung haben, da bin ich früher im Stall. So ist es, und Willi und die beiden Schmiede nehmen mich an einem vorbereiteten Köhlerloch (Meiler) in Empfang. Während des Abladens erzähle ich und das Tempo steigert sich enorm. In Windeseile ist das Holz vom Wagen und ich bringe schnell die Pferde in den Stall. Inzwischen haben die anderen den Meiler mit Erde bedeckt und einige Stangen harmlosen Holzes auf die frische Erde gelegt. Ich muß schnell im Lagertor verschwinden, denn einer der Jungen wird sicher mitkommen. Und so geschieht es auch. Sie holen einen Offizier aus der Kommandantur und durchsuchen den Hof, Stall und Scheunen nach Holz, es ist nicht zu finden – Flüche!

Unter wüsten Beschimpfungen zählen sie die Pferde, alle da, auf die Idee nach Schweißnässe zu fühlen kommt zum Glück keiner dieser Experten. Jetzt mimt Willi auch den Beleidigten und der Lager-Offizier stimmt ihm zu. Unter vielen Flüchen und Beleidigungen hin und her ziehen die Kolchosniki unverrichteter Dinge ab. Der Köhler kann seinen Meiler anzünden.

Der Sommer hat sich durchgerungen und steht voll in Blüte. Ich hoffe in diesen Tagen immer auf einen Tagesauftrag, um bei einer langen Fahrt die uns umgebene schöne Natur genießen zu können. Und schon ist er da: Langholz. Wecken 4.00 Uhr, 4.30 Suppe holen, 5.00 Uhr durchs Tor und gleich auf die Weide, Pferde holen. Anspannen und in den frischen Morgen hinein. Zunächst geht es über die Felder und dann nimmt mich der Wald auf. Hin und wieder grüßte eine Blume aus dem Grün hervor, Stendelwurz, Frauenschuh, Einbeere und noch allerlei mir unbekannte Arten. Auf dem Rückweg werde ich wieder ein Sträußchen für die Pritsche mitnehmen. Mein Holzplatz ist tief im Wald verborgen und der Weg dorthin ist kein Weg, sondern eine wagenbreite Schneise, von unseren Holzfällern im Winter ausgeschlagen. Bereits bei der Hinfahrt achte ich auf Stellen, die mir nachher mit den bis zu 12 m langen Stämmen gefährlich werden können. Stubben in der Spur können wie Fußangeln wirken. Das Aufladen der Stämme geht, weil ich allein bin, nur mit Hebelkraft. Wo sollte auch bei einem Kutscher mit nur dreiviertel Liter Suppe im Bauch die Kraft herkommen. Zunächst spanne ich die Pferde aus, dann werden die Räder blockiert. Mit Hilfe zweier Birkenstangen wird der Stamm an den Vorderwagen herangerollt und dann unter Anspannung der letzten Kräfte mit Hebelkraft auf diesen aufgesetzt. Pause. Der Hinterwagen ist dann leicht untergeschoben und die beiden Wagenteile mit Flachsstricken am Baum vertäut. Hat der Baum einen dicken Stamm, bei manchen sind es am Fuß bis zu 60 cm, bleibt es bei dem einen. Sind es dünnere Stämme, bleibt es mir überlassen, wieviel ich meinen Pferden zumuten will. Und wieviel Fuhren am Tage geschafft werden, ist auch in keine Norm zu zwingen, es kommt ganz auf die Entfernung, die Lage der Bäume und die Beschaffenheit des Weges an.

Heute hatte ich einen schlechten Tag. Die Bäume lagen schlecht, einmal blieb ich bei der Rückfahrt hängen, und bei der letzten Fahrt komme ich erst in der Dämmerung auf den Platz. Ich fahre neben den Langholz-Stapel, um meine Stämme abzuladen. Plötzlich hinten ein Mordskrach, der Wagen steht. und aus dem Busch tönt's in allen Variationen der landesüblichen Flüche. Die

Else, kommt sie doch grad in dem Moment angetappt, wo ich unachtsam ein Rad zerbreche. Ich lasse alles liegen, spanne aus und ziehe ab in Richtung Stall. Das paßt der Dame nun gar nicht und die Schimpfkanonade beginnt erneut. Was soll ich machen, allein werde ich mit dem Wagen nicht fertig und die Kameraden sind lange im Lager.

Am nächsten Morgen hole ich mir bei den Stellmachern ein Ersatzrad, nehme zwei Helfer mit und schon ist alles schnell erledigt. Und die Else?, sie hat zwar gesagt, nie wieder gebe ich dir Pferde in die Hand und das Wort Sabotage war natürlich auch dabei und Karzer und was es sonst noch gibt ----- nichts ist mehr. Nichts mehr von „nie wieder Kutscher", ich fahre weiter mein Langholz und genieße diese Freiheit.

Feierabend, ich habe meine Suppe gelöffelt und kaue jetzt auf der Pritsche liegend an meinem Brotkanten herum. Da stürmt Willi in die Baracke, Walter, Hannes, Heinz, beide schnell raus, der Maltschik versäuft.

Wir hoch und mit, keine Ahnung was diese Worte bedeuten. Er schleust uns durchs Tor und im Laufen erklärt er uns über seine geheimnisvollen Andeutungen auf. Maltschik, eines unserer Pferde, liegt in einer Fäkaliengruben, die vor Zeiten hier angelegt wurden. In unserem Weidegebiet gibt es zwei derartige Gruben. Naturgemäß grünt rings um diese Gruben herum das köstlichste Gras, das sich ein Pferdemaul ersehnen kann. Selbstverständlich ist die Grube von einem Lattenzaun umgeben, aber wenn sich ein Widerrist dagegen lehnt ----- und so geschah es. Unser Wächter hatte wohl geträumt und als er es bemerkte war alles Rufen und Zerren zu spät, die Grubenwände zu steil, um allein damit fertig zu werden.

Willi hat Stricke dabei, aber am Hals zerren wird uns auch nicht helfen, der Körper muß unterfangen werden. Wer, nun, der Stallmeister natürlich. Willi zieht sich bis auf die Unterwäsche aus und schiebt sich langsam auf den Pferderücken, während Hans das Pferd am Halfter hält und es beruhigt. Und jetzt kommt der große Moment, der Strick muß unterm Pferd hindurch und Willi's Nase hängt nur Millimeter über dem Gestank, der schon uns penetrant in die Nase fährt. Und das Ganze noch einmal mit einem zweiten Strick, pfui Teufel!, die Stricke, die wir packen sind natürlich auch voll Schiet. Willi runter vom Pferd und rein in den Bach, ich glaube, so wohl hat er sich im Wasser lange nicht gefühlt.

Jetzt ran an die Stricke, fluchen, schreien und schlagen, der arme Maltschik – schließlich gibt er sich den letzten Schwung und raus ist er. Und er stinkt --- na und wir, wir gewiß auch. Also raus aus den Klamotten und auch in den Bach. Und dann prasselt Willi's Schimpfkanonade auf den Wächter los, zur Strafe muß er den Maltschik gründlich waschen.

Die russischen Wachen in den beiden nahegelegenen Türmen kugeln sich immer noch vor Lachen. In ihrem eintönigen Leben eine unvergeßliche Abwechslung.

Untersuchung, alle acht Wochen oder Vierteljahr, die Gewohnheit verwischt die Abstände. Ich bin nach der Arbeit in der Ambulanz. Die Dämmerung ist fortgeschritten, das Lagerlicht brennt noch nicht. Beste Zeit für tiefe Schatten im Gesäß. Kapitänarzt und Ärztin reden lange, Ergebnis eine Dekade Erholungsheim. Erholungsheim, was ist das?, es besteht seit etwa einem Jahr, ist in Kutscherkreisen jedoch nie im Gespräch gewesen. Jetzt soll ich diesen sozialen Fortschritt erleben. Mit Beginn der nächsten Dekade ziehe ich um in Haus 7, ein zweigeschossiges Haus aus klösterlichen Zeiten. Die Erholungs-Therapie besteht z.B. darin, daß man bedient wird.

Hinzu kommt Einzelbett, Waschwasser in Schüssel, spät aufstehen, kein Stubendienst, keine Arbeit, etwas mehr Fett und Zucker. Fast paradiesische Zustände. Erfolg der „Kur" nach 10 Tagen: Anfangsgewicht, 52,5 kg, Endgewicht 54,0 kg, na bitte, ab in die Kompanie.

159

Täglich pflügen, eggen und igeln bei brennender Sonne auf den Feldern. Zum Glück ist es mir gelungen, einmal einen olivfarbenen Kopf-kissen-Bezug „an Land zu ziehen". Aus diesem habe ich mir eine Turnhose angefertigt, so kann ich an den heißen Tagen barfuß und leicht bekleidet, und gar nicht wie ein echter Landmann, über die Äcker ziehen. Ich bringe dem „kleinen Welikan" die Arbeit bei. Pflügen ist für ein Kutschpferd nicht so leicht. Er tut mir auch recht leid, wenn er stehen bleibt und sich mit seinen traurigen Augen nach mir umschaut. Ich tröste ihn dann und sage ihm, daß er mit mir einen Glückgriff getan hat. Ein Russe an meiner Stelle hätte ihn längst zuschanden geprügelt. Und weiter schleppen wir beiden uns müde und traurig über die Felder.

Vom ca. 12 km vom Lager entfernt arbeiteten Heukommando muß eine Fuhre geholt werden. Mit leerem Wagen kutschiere ich in aller Frühe gemütlich durch den Morgen. Die Laubsänger schmettern ihr Lied und hoch am Himmel kurven die Schwalben durch das endlose Blau. Das Nurmatal ist tief eingeschnitten. Ein Kommando unseres Lagers ist hier mit Brückenbau beschäftigt. Während der Schneeschmelze muß die Straße wochenlang gesperrt werden, weil an den steilen Böschungen kein Durchkommen ist. Da soll eine Brücke Hilfe bringen. Als „alter Hase" suche ich mir bereits jetzt mit leerer Fuhre einen günstigen Weg, auf dem ich nachher mit dem beladenen Wagen im besten Schwung die jenseitige Höhe erreichen kann. Manch einer hat in diesem Einschnitt die Hälfte abladen und nachholen müssen. Willi's Beschreibung war gut, ich finde das Kommando sehr schnell. Das Lager der vier Kameraden erinnert an Partisanen-Hütten. Zeltähnlich zusammengestellte Äste sind mit Laub- und Nadelholz-Zweigen bedeckt. Dicht ist es, aber bestimmt nicht regendicht. So leben die Jungs hier zwanzig Tage und mähen in den Schneisen, auf die die umliegenden Kolchosen keinen Wert legen, das Gras. Weil es hier im Wald nicht gut trocknet, holen wir ab und an einen Wagen voll ins Lager, um es dort nachzutrocknen. Beim Aufladen fühle ich, daß das Gras noch sehr feucht ist, da wird die Fuhre schwer und meine beiden Pferdchen werden kräftig ziehen müssen. Beim Gedanken an das Nurma-Tal packe ich den Wagen nicht gar so voll. Noch ein kurzer Klönschnack und ich überlasse die Waldmenschen wieder ihrer Wildnis.

Die Sonne steht hoch, die Stare singen, die Fahrt geht flott voran. Sogar an der Nurma erwische ich die günstigste Spur und es bedarf nur einiger Zurufe und schon habe ich die Steige überwunden. Meine Ladung dampft wie ein Kraftfahrzeug ohne Kühlwasser. Am Hof angekommen, habe ich den Eindruck, als könne das Heu sich bald entzünden. Also wird es noch abgeladen und gut verteilt und dann reichts wieder einmal, Feierabend.

Mittsommerzeit, heiß, Mücken, viel Durst – die Nurma hilft. Der Kutscher liegt am Oberwasser und trinkt, das Pferd unterhalb, natürlich nur, wenn man sich oberhalb des Lagers befindet.

Neuer Einsatz, wieder einmal Oszinowez. Zu sechsen, mit fünf Pferden beziehen wir ein Haus neben dem des Konvois, der auch im Winter für uns verantwortlich war. Irgendwer hat gesagt, das Dach sei nicht regendicht. Da sucht sich jeder eine Ecke, von der er annimmt, daß sie gegebenenfalls trocken bleibt, abwarten. Zwei Nächte haben Hannes und ich es in einem Raum ausgehalten, an Schlaf kaum zu denken. Vor Mücken war kein Schlaf zu finden. Da vervollständigen wir einen Verschlag im Pferdestall, hängen einen Sack vor den Eingang und räuchern diesen Raum vor dem Schlafen aus. Das gibt Mief, aber garantiert mückenfrei. Die Russen der benachbarten Häuser schlafen teilweise auf der Plattform ihres Treppenaufgangs, also im leichten Zugwind, der auch Mücken fernhält. Die Arbeit: Abfuhr des Holzes, das wir im Schnee übersehen haben. Ich habe die Malinka dabei, weil meine Manka gefohlt hat. Malinka ist ein Pferd, das hier etwas aus dem Rahmen fällt. Sie relativ groß, klapperdürr mit langem Hals, erinnert an Ungarn. So „ziegig“ sie auch manchmal sein kann, wir kommen ganz gut miteinander aus. Einmal allerdings versetzte sie mich in Rage. Ein Wagenrad quietscht, ich spanne aus, lasse sie grasen. Um den Splint zu lösen, setze ich ein Beil an, rutsche ab und die Schneide sitzt im Nagelbett des linken Mittelfingers – Sch-----. Ich ins Haus, Jod drauf, Verband drum, wieder raus und Malinka ist weg, einfach verschwunden. Ich laufe über die „Dorfstraße" und finde sie hinter dem dritten Haus. Wegen der Schmerzen vermutlich in Wut über meine eigene Dummheit, verprügele ich sie mit der intakten rechten Hand. Dann falle ich ihr um den Hals und bitte sie um Verzeihung. Da eine Stimme hinter mir: „aber „Geinz", muß das sein, bist du ein Russe?" Ich schieße herum, Soja, da steht sie vor mir und ist ganz Vorwurf. Und ich schäme mich. Dann aber nehme ich meine Malinka am Halfter und wir bringen Soja noch weit aus dem Dorf heraus. Und während Soja mir erzählt, was sie hierherführt, darf Malinka das saftige Gras am Wegrand genießen. Soja kommt vom Bahnhof Balaklawa, das sind rund 15 km Fußweg bis sie wieder in Krochino ist, wo ich im Vorjahr für sie Holz gefahren habe. Rußland ist groß, die Wege sind weit.

Ein besonderes Ereignis dieser drei Wochen in Oszinowez ist der Verkauf einer Sense an die Frau unseres Konvois. In Rußland ist alles möglich!

Und wieder einmal bin ich auf dem Weg zur Mühle. Meine Begleiterin, Luba, ist ein schweigsames Mädchen. Der Auftrag ist undurchsichtig. Wieso müssen zwei Arbeitskräfte und ein Fuhrwerk einen ganzen Arbeitstag opfern, um nur drei Sack Korn zu mahlen. Sicherlich eine ganz private Angelegenheit eines Natschalniks. Meine Sorge soll es nicht sein. Die Sonne scheint, die Kleine sieht nett aus. Da liegt es nahe, daß meine Gedanken allerlei zusammen spinnen. Mir wird allerdings auch bewußt, daß diese Fahrt für das Mädchen gewiß kein Vergnügen ist. Unsere Klamotten strömen sicherlich nicht den besten Duft aus. Wenn meine Zähne auch geputzt werden und ihre vielleicht nicht, ein Plenni muß einfach stinken, weil die Oberbekleidung nie gereinigt, lediglich erhitzt wird. Hinzu kommen die politischen Instruktionen, die russische Jugend wird laufend politisch getrimmt, sicher sind wir alle Halunken und Mörder für sie.

Das Pferd zieht munter dahin. Bei der Mühle geht die Arbeit schnell voran. Abladen, aufladen und schon sind wir wieder auf dem Rückweg.

Ich habe eine Sonderfahrt erwischt: Schlachthof. Mit zwei Wagen fahren wir in Begleitung eines Russen per Fahrrad. Für mich ganz neu, ich aber noch nie gehört, daß es in Grjasowez einen Schlachthof gibt. Der Gedanke, wird es gelingen, etwas „an Land zu ziehen", schwirrt natürlich sofort in meinem Kopf herum. Wir wissen, daß Geklautes vor Eingang ins Magazin dem Verwalter abgeht und nicht dem Lager. Das Lager bekommt seine Produkte aus der Hand des Magaziners unter Aufsicht ausgewogen. Da sind hier draußen moralische Bedenken leicht beiseite geschoben. Am Schlachthof wird mein Wagen mit einer Rinderhälfte beladen, der andere Wagen mit Ziegen und Schafen. Außerdem haben wir beide ein Faß dabei, das bis zur Hälfte mit Innereien gefüllt wird. Rückfahrt, das Sitzen auf dem Seitenschott ist nicht nur unbequem, das Holz kneift auch mächtig im fleischlosen Hintern. Setzt mich also auf den Rinderhals, und die Position erweist sich als günstig. Der Russe überholt uns, nimmt „die Parade" ab, fährt wieder nach vorn und wiederholt das Ganze. Fährt er nach vorn, greife ich ins Fass. Das bringt bei jedem Griff eine Niere, ein Stück Leber oder Herz und Stück für Stück wandert durch die offene Innentasche meines Mantels und landet ganz unten im Saum. Schließlich säbele ich mit meinem aus dem Nagel gefertigten Messer am Hals herum, bei einem derart primitiven Gerät eine harte Arbeit. Im Endeffekt bringt es dann ein ganz manierliches Stück „Schieres". Vorm Magazin angekommen muß ich alles im Saum gleichmäßig verteilen, dann wird abgeladen. Eberhard muß noch einige Fahrten ins Lager machen. Das wäre zwar günstig, um die Beute ins Lager zu bringen, dort nützt sie aber nichts. Das Fleisch muß gekocht werden und das ist nur hier draußen möglich. Wir werfen zusammen und ich werde im Busch verschwinden und kochen. Jetzt muß es schnell gehen. Fleisch im Tränkeimer abwaschen, ab in den Busch, zwei Astgabeln schlagen, Feuer und schon hängt der

Eimer. Er ist gut halb mit Fleisch gefüllt. Während das Wasser allmählich zu Kochen beginnt, schleiche ich ständig durch den Busch und suche trockenes Holz. Die Gefahr liegt beim nahen Verwaltungsgebäude, von dort könnte Rauch leicht bemerkt werden. Die Zeit wird endlos lang. Zwei Stunden mögen vergangen sein, da knackt es im Unterholz, schnell in Deckung. Gott sei Dank, es ist Eberhard. Bis das Fleisch gar ist, wird es bereits dunkel. Schnell wird geteilt, die Brühe in Dosen gegossen, das Fleisch wandert in den stets bereiten Beutel und ab ins Lager. Ich wecke Heinz, fragt, was ist, ich sage, trink. Er setzt an und trinkt, setzt ab und fragt noch einmal, was ist das? Er kann es einfach nicht fassen, daß er im Moment reine Fleischbrühe getrunken hat. Während er dann genüßlich auf einem Fleischhappen herumkaut, erzähle ich. Ein Fest auf der Pritsche! Wenn ich den Einsatz nachträglich überdenke, muß ich feststellen, er war gewagt, kurz entschlossen um hohen Einsatz gespielt (25 Jahre), aber es hatte sich gelohnt.

Ein herrlicher Spätsommertag. Man hat das Gefühl noch einmal richtig Sonne tanken zu müssen, bis der lange Winter wieder über uns hereinbricht. Heinz ist mit dem Gespann unterwegs, ich mache Hofdienst. Otto, der Kutscher des Lager-Kommandanten schirrt die Swista an. Die Swista ist relativ groß, ein Rotschimmel und sehr gut im Futter. Bekommt natürlich Sonderration. Aber was ist das, das Wiehern ist nicht Übermut, das Mädchen ist rossig. Da heißt es für Otto sehr gut aufpassen. Und schon ertönt aus dem Stall die Antwort, der große Welikan ist heute im Stall und beginnt zu rumoren wie ein Poltergeist. Da passiert es, Welikan hat sich losgerissen und tobt heran. Swista ist bereits angeschirrt, Otto hängt am Zügel, Welikan steigt, rumpelt gegen die Deichselstange, eine wilde Szene. Ich dem Welikan an das Stallhalfter, Willi mit der Peitsche dazwischen, Welikans Vorderhand gleicht Dreschflegeln. Mit einem harten Griff in die Nüstern gelingt es mir den Burschen herab zu zwingen, jetzt schlägt er hinten aus. Otto gelingt es, die Swista hinter die Scheune zu zerren. Willi prügelt den Welikan in den Stall. Das ging noch einmal am

Karzer vorbei, denn der Dumme wäre ich, der Stalldienst gewesen, wenn der heißgeliebten Swista des Obersten Sirma etwas Böses, oder besser gesagt eine Freude widerfahren wäre.

Große Aufregung im Lager: Transport!

Wohin?, wer wird es schon wissen. Wie oft haben wir erlebt, daß Parolen herumschwirrten, die nachher wie Seifenblasen platzten. Unsere Arbeit geht weiter. Am Nachmittag komme ich mit einer Fuhre Holz zurück, was sehe ich, ein bitter vertrautes Bild aus längst vergangenen Tagen. Eine Plenni-Kolonne wälzt sich müde über die Straße in Richtung Grjasowez, also doch! Aber wohin?, ta moij? Oder in ein anderes Lager?, die Frage bleibt natürlich offen. Es sind zweitausend Mann, die uns verlassen, die restlichen Lagerinsassen sollen in wenigen Tagen folgen. Die Russen sagen natürlich, es geht nach Hause, wer glaubt ihnen schon. Wir bemerken nur, daß keine Posten mehr auf den Türmen stehen und in der Nacht sind auch keine Wachhunde mehr an den Laufdrähten vor dem Zaun. Wir Kutscher dürfen frei durchs Tor zur Arbeit gehen. Sollte diese Situation wirklich bedeuten, daß wir nicht mehr an Flucht denken brauchen, weil es Richtung Heimat geht? Nach wenigen Tagen ist auch der zweite Transport aus dem Lager in Richtung „wer weiß wohin" auf dem Weg zum Bahnhof.

Im Lager verbleibt ein Räumkommando, daß die Baracken nach den dürftigen Überbleibseln einer vierjährigen Plenni-Kultur durchsucht und sie reinigt. Wir sind auf zehn Kutscher geschrumpft, auch Heinz ist mit fort. Außer den anfallenden Dreckfuhren, werden wir rund um die Uhr zur Pferde- und Rinderwache eingeteilt. Rinderhirte bedeutet Begegnung mit „Assik", dem Bullen. Er ist Fremden gegenüber sehr unfreundlich und ich bin ihm anscheinend ein sehr unsympathischer Fremdling. Jedenfalls hat er mich bereits zweimal angegriffen, das reichte mir, ich meutere. Pferdewache ja, Rinder nein! Nach einigen Tagen erscheint eine Zivil-Delegation. Sie schwirren im Lager herum, besichtigen jeden Winkel und stehen eines guten Morgens auch vorm Stall.

Ein Tisch wird herausgetragen, einige natürlich wackelige Stühle dazu und eine Liste bereitgelegt. Wir müssen die Pferde vorführen. Es gibt mancherlei Unstimmigkeit zwischen Liste und den Tieren. Es stimmt gar vieles nicht hinsichtlich der Farbe und des Alters. Aber eines unter den 36 Pferden ist die Krönung der Buchführung der Else und des Agronomen. Der Rapp-Wallach Roysa wird aufgerufen. Daß dieser Wallach ein Schimmel ist, nun gut, kann vorkommen, daß dann aber ein munteres Fohlen angesprungen kommt und zu saugen beginnt, ist bei einem Wallach doch sehr ungewöhnlich. Das Palaver steigert sich, geht über in wilde Flüche und endet schließlich wie so viele Dinge in diesem Land mit einem „Nitschewo".

Schnell verfliegen die letzten Tage des Julis. Gegen Ende des Monats bin auch ich auf dem Weg. Wir sind sechs Mann mit einem Konvoi auf dem Wege zum Bahnhof, um eine Ladung Säcke mit leeren Strohsäcken in ein anderes Lager zu bringen. Wir hoffen, unsere Freunde wiederzusehen.

Um 15.00 Uhr verlassen wir auf einem LKW das Lager. Ein letzter Blick zurück umfaßt noch einmal die ganze Anlage. In der Ferne das Dorf Taliza, nahebei die Magazine und Stallungen, die Erdbunker und die Garage. Vier Jahre meines Lebens war es -ja, was war es?, Heimat natürlich nicht, aber ein gewißes Zuhause könnte man es im weitesten Sinne nennen. Am letzten Haus winkende Frauen, Tschura dabei, wir winken zurück.

Wie sehnsüchtig haben wir oft gehofft in Grjasowez den Zug in Richtung Heimat zu besteigen, jetzt fährt er in die falsche Richtung. Nicht verzweifeln, irgendwie muß auch der Tag einmal kommen und wenn unsere Hoffnung auch noch so oft enttäuscht wurde. Im Rattern der Räder schlafe ich ein, mag der Schlaf mir die trüben Gedanken verscheuchen und fern am Horizont vielleicht doch eine hoffnungsvolle Überraschung auf uns warten.

In der Taiga

Ab Wologda fährt die Bahn in westlicher Richtung. Beidseits Wald, viel Wald und die gleichen Dörfer und Hügel wie in Grjasowez. Gegen Mittag ein großer Verschiebebahnhof, Tscherepowez. Auch die Stadt wirkt größer als Grjasowez. Neben dem vertrauten Pfeifen der Lokomotiven vernehmen wir Dampfer-Sirenen. Tscherepowez liegt an der Sheksna, einem Fluß, der hier in einen großflächigen Stausee, das „Rybinsker Meer" mündet. Dieser See reicht im Süden bis an Moskau heran.

Das Lager hat kleinere Baracken, mit ca. 200 Mann belegt. Insgesamt sollen sich hier noch ca. 6000 Plennis befinden. Die Freude des Wiedersehens mit den Freunden hat einen faden Geschmack. Ein besseres Gefühl wäre, wenn sie inzwischen in Richtung Heimat auf und davon wären – oder nicht? Wir finden uns im alten Kompanie-Verband wieder. Auch in diesem Lager wird natürlich gearbeitet. Es gibt allerdings keine festen Kommandos. An jedem Tag ist mit einem anderen Einsatz zu rechnen. Gestern Schlacke auf einen LKW laden, heute Schlacke im Weg verteilen, morgen Sand holen. Alles Arbeit im Rahmen der Befestigung der hier allgemein grundlosen Wege. In der Stadt gibt es ein Bauvorhaben, da werden Lehmsteine gefertigt. Lehm und Stroh wird in Formen gefüllt und zum Trocknen ausgelegt. In einem der Gebäude soll ein Aggregat aufgestellt werden, es kommt per Lastwagen, ein mannshoher schwerer Brocken. Abladen?, ganz einfach. Zwei Bohlen anlegen und dann laß nur kommen. Mir kommt der Gedanke, und wenn es nicht zu halten ist?, einer von uns nicht schnell genug zur Seite springt? Ich beginne zu mosern, fluche in landesüblicher Manier, will mehr Sicherheit. Ich schlage vor, wenn's kommt, nichts wie weg und fallen lassen, ist ja nicht unsers. Da legt der das Kommando führende Russe los und schreit mich an, Schnauze halten, klar! Hat der Kerl doch tatsächlich alles verstanden und vorher mit uns kein Wort Deutsch gesprochen. Das Aggregat rutscht, schießt hart auf und steht, na bitte. In der Pause, zehn Minuten, stehen wir an der Straße. Es ist eine mit den typischen Holzbürgersteigen versehene belebte Straße. Die Fahrbahn ist sogar gepflastert. Wir sehen junge Mädchen in Feinstrümpfen, also nicht nur dick bestrickt oder mit Wattehosen. Erste Pelzmäntel mit Stickereien tauchen auch schon auf. Wir sehen aber auch einen Invaliden, der ohne Beine auf einem Brett mit Rollen sitzt und sich mühsam mit einem Stock vorwärts schiebt. Auch hier also: „der Dank des Vaterlandes ......"

Seit wir in diesem Lager sind, wird kaum noch über Heimtransporte gesprochen. Es scheint auch, es sei noch genug Arbeit für unsere Aufgabe der Wiedergutmachung vorhanden. Die weitaus härteste und gefährlichste Arbeit ist die an einem Holzlager an einem Fluß. Hier werden die im Wasser liegenden Stämme mit zwei Schlaufen versehen und mit einer Dampfwinde auf einen großen Stapel gezogen.

Über den ganzen Schleppweg hinweg an jeder Seite einer von uns den Stamm begleiten und achtgeben, daß der Stamm nicht aus der Schlaufe springt. Im Lager wird viel erzählt, was bei dieser Arbeit schon alles passiert ist. Wir kommen zum Glück ohne Unfall davon.

Da ist es dann angenehmer, einmal bei einem Lager-Offizier Holz zu hacken. Diese Arbeit wird mit zünftigem Bortschsch und Pellkartoffeln belohnt. Gäbe es so etwas doch einmal mehr. Bei der Rückfahrt ins Lager sehen wir voller Entsetzen vor dem Tor ca. 20 Plenni sitzen, sie halten die Hände über den Kopf gefaltet. Diese Kameraden sind, wie wir im Lager erfahren, in einem Kurzprozess zu 25 Jahren Haft verurteilt. Es sind alles ehemalige Angehörige der Waffen-SS, Herbert, der einzige Wesermünder, den ich getroffen habe, dabei. Ein entsetzliches Geschehen, das alle unheimlich bedrückt. Was steht uns noch bevor?

Die nächste Überraschung kommt nach wenigen Tagen. Vierzig Mann aus dem alten Lager 7150 sind zu einem Kommando zusammengestellt, Heinz dabei. Heinz, mit dem ich jetzt 4 ½ Jahre, vom ersten Tag der Gefangenschaft an, zusammen war. Ich überlege nicht lange und gehe zur deutschen Lagerleitung. Die Hoffnung auf Heimkehr ist nach dem letzten Ereignis ohnehin geschwunden. Ich bitte, mich gegen eine der Aufgerufenen auszutauschen. Erst großes Erstaunen, dann aber, na bitte, wenn du willst. Ich nenne meinen Namen, gehe zur Untersuchung, und schon bin ich dabei. Wohin geht's, keiner weiß es – nitschewo.

Der Tag der Abfahrt ist da, dawai, dawai, mit allem Bagage. Wir werden per LKW zum Hafen gefahren, immerhin eine noble Geste. Ein Flußdampfer nimmt uns auf. Er ist ziemlich besetzt. Russen jeden Volksstammes mit dem üblichen Gepäck, das nicht viel von unseren primitiven Dawai-Beuteln abweicht. Die Fahrt geht flußaufwärts. Eine Schleuse erleben wir noch bei Tageslicht, dann nimmt die Nacht uns auf. Und plötzlich ist Musik an Bord. Der Raum, in dem wir uns befinden, hat in der Mitte eine freie Fläche. Ringsum sind Sitzplätze in Blöcken angeordnet, die je Block in sechs Pritschen umgewandelt werden können. Schlafplatz für alle. Aber zunächst denkt noch keiner daran zu schlafen, erst einmal gibt es Musik! Das 100-Strophen-Lied läuft ab: ratatata tatata, ratatata ta, ratatata tatata, ratata taaaa, so in etwa könnte man den Rhythmus darstellen. Ein Kreis hat sich gebildet, bunt gemischt aus jungen und alten Russen, Männlein und Weiblein und auch einige mutige Plenni. Dann springt jeweils einer in den Kreis, singt eine Strophe oder mehrere, wird bejubelt und schon folgt der nächste tanzende Sänger. Eine turbulente Féte bis spät in die Nacht hinein. Irgendwann ist es vorbei und alles verkriecht sich auf den Pritschen.

Der nächste Tag begrüßt uns mit Sonne, beidseits ziehen sich unendlich scheinende Wälder hin. Weit vor uns liegt der „Bjeloi-See". Eine zweite Nacht ist vorüber und gegen Mittag sind wir an einem Anlegeplatz, aussteigen. Der Fluß ist hier mit Holzflößen gleicher Art bedeckt, wie wir sie in Tscherepowez in einzelne Stämme auflösten und an Land zogen, das riecht nach Waldschlag. Wenige Häuser nur und dann die weite Taiga. Wald soweit das Auge reicht. Am Ufer stehen einige Plenni, die uns begrüßen und uns mit Fragen überschütten. Erste Frage natürlich, wieso kommt ihr noch nach hier, wir denken doch, daß wir bald ins Lager fahren, weil Transporte in die Heimat gehen. Unser Bericht bringt große Enttäuschung. Und wir erfahren, daß es sich um ein Waldschlag-Lager handelt. Es besteht aus dem Hauptlager mit den Kommandos, die das Holz verladen und die Flöße zusammenfügen müssen und dem Nebenlager, in dem das Holz geschlagen wird.

Der Weg führt uns vorbei am Hauptlager zum Waldlager, ca. 12 km. Viel Gepäck hat ein Plenni nicht und der Strohsack ist leer. Da kommt der Weg einem Spaziergang gleich. Das Hauptlager besteht aus drei Baracken, von einem Palisadenzaun gesäumt, der jedoch allerlei Löcher aufweist. Am Tor ist eine Art Wachstube und daneben einer der üblichen Wachtürme. Es wirkt verlassen und ausgestorben. Die Kameraden sind, wie wir erfahren, weiter unten am Holzplatz bei der Arbeit.

Wenige hundert Meter weiter befindet sich noch ein Lager. Bei genauem Hinsehen stellen wir fest, daß es von Russen, vor allem Frauen, bewohnt wird. Es ist ein offenes Lager ohne Zaun. Wir überqueren eine kleine Heidefläche und legen in der strahlenden Sonne eine Rast ein. Am Rand der Lichtung leuchten erste Herbstfarben aus dem dunklen Grün. Beidseits des Weges ist das Waldweidenröslein in voller Pracht. Schön könnte es hier sein - wenn?, ja wenn die Frage nicht im Raum hing, was wird werden, wie wird es werden und wie lange noch? Man ist bei jeder Veränderung auf das Schlimmste gefaßt, nitschewo. Der Weg führt am Fluß entlang, er schlängelt sich in ca. sechs bis acht m Breite durch den Wald, der immer uriger wird. Plötzlich stehen Pferde im Wald. Und bei diesen entdecke ich ein bekanntes Gesicht, einer unserer Kutscher aus Grjasowez, der mit dem ersten Schub das Lager verließ, ist auch hier wieder bei den Pferden gelandet. Er kann uns einiges über das Lager erzählen, das jetzt nur noch wenige Meter vor uns liegt. Es besteht aus zwei Mannschaftsbaracken, der Küche und einer Werkstatt mit anhängendem Pferdestall. Mit uns werden wir jetzt ungefähr hundert Mann im

Lager sein, von vier Russen bewacht. Arbeit, Waldschlag aus seiner Kutschersicht, es geht.

Der deutsche Lagerführer begrüßt uns und weist uns alle in eine Baracke ein, das ist gut, man kennt sich. Die Baracken haben an den Längswänden Doppelpritschen, in der Mitte steht ein Kanonenofen und ein kleiner Tisch, Marke Eigenbau natürlich. Ich schlängele mich gleich in die äußerste obere Ecke, Heinz liegt natürlich neben mir, ist schon wegen des inzwischen gemeinsamen Hausrates an Dosen und Brettern wichtig.

Wir fragen nach Stroh, gibt's nicht. Das bißchen Stroh, das es hier gibt, wir an die Pferde verfüttert. Ringsum steht gelbbraunes Gras, das in der untergehenden Sonne wie Gold leuchtet. Schnell wird gerupft und gestopft, was nur in den Strohsack hineingehen will. Das Gras ist noch feucht, es muß im Strohsack nachtrocknen.

Zum Glück ist Holz genug vorhanden, so daß wir kräftig einheizen können. Mein Platz an der Wand ist wie eine kleine „Privatnische", hat allerdings den Nachteil, daß es zwischen den Balken ganz entsetzlich durchzieht. Ich muß noch Moos sammeln, mit dem ich die Ritzen verstopfen kann. Das Lager befindet sich auf einer ca. 300 m breiten Lichtung, die sich von Nord nach Süd soweit hinzieht, daß man im Abenddunst grad noch das Ende erkennen kann. Die Sonne ist schon lange hinter dem Wald verschwunden, bis wir an diesem ersten Abend endlich zur Ruhe kommen. Die Gedanken können allerdings noch lange keine Ruhe finden. Immer kreisen sie um die bittere Frage: Wie lange noch? Eines jedenfalls steht fest, die „Ureinwohner" des Lagers berichten, daß wir in dem Moment, wenn die Scheksna zufriert, von der Welt abgeschnitten sind. Somit besteht vor dem Frühjahrs-Tauwetter keine Chance auf eine Heimreise. Warum sind wir in letzter Zeit überhaupt so sicher, daß „es bald so weit sein wird"? Ein Politoffizier des Lagers hat gesagt, der neue Kanzler Adenauer habe sich bei Stalin für die Rückführung der Gefangenen eingesetzt. Dabei soll es zu einer Vereinbarung, ja sogar mit Termin-Absprache, gekommen sein. Man sagt es sei der 31.Dezember 1948 vereinbart worden. Und wenn es wirklich so sein sollte, sitzen wir hier bestens verwahrt und sicher eingefroren!, beste Aussichten.

Am nächsten Tag Geräte empfangen und ab zur Arbeit. Je zwei Mann erhalten eine Säge, eine Axt und ein Beil. Der derzeitige „Schlag" liegt ca. drei km entfernt. Ein Trampelpfad führt in nördliche Richtung, dann ein Stück durch Sumpf und bald stehen wir an unserem neuen Arbeitsplatz. Für jedes Team wird ein 20 m breiter Arbeitsbereich abgemessen und dann kann es beginnen. Die Norm von 3.40 cbm pro Mann soll zu schaffen sein. Die Maßeinheit setzt sich je nach anfallendem Holz aus 2m Brennholz und Bauholz in Längen von vier bis acht m zusammen. Die Abstände von einer zur anderen Arbeitsgruppe sind so eng bemessen, daß man beim Fällen gut achtgeben muß, daß der Baum keine der Nachbarn erschlägt. Heinz und ich haben uns schnell eingearbeitet. Schwer ist das Sägen am Fuß des Baumes. Der Schnitt darf nicht mehr als acht cm über dem Wurzelansatz sitzen und das kann gegebenenfalls fast am Erdboden sein. Zum Glück ist unser Kompanie-Führer ein Forstmeister, der uns manch guten Tipp geben kann. Bald sind wir so perfekt, daß wir den dicksten Baum gegen den Wind oder gegen sein eigenes Übergewicht nach der gewünschten Seite umlegen können. Auch im Berechnen der Norm finden wir schnell die nötigen Tricks, um uns Vorteile zu verschaffen. Durch günstiges Schneiden und geschicktes Stapeln habe wir bald ein kleines Norm-Guthaben erarbeitet. Dieses Guthaben kann man nutzen, wenn einmal ganz mieses Wetter eintritt oder einer krank wird.

So gehen die letzten Herbsttage dahin und sehr bald fällt der erste Schnee. Die Ausstattung des Lagers mit Winterbekleidung ist relativ gut. Tag für Tag stapfen wir durch den Schnee und kämpfen uns manches Mal durch dicksten Schneesturm auf unserem Pfad zur Arbeit. Beidseits wächst der Sturm und türmt sich, wenn er an alten Stubben Widerstand findet, zu mächtigen Wehen auf. Am Schlag angekommen, finden wir die gestrige Feuerstelle zwar verweht, finden ganz am Grunde aber noch ein Rest glimmenden Holzes, das wir am neuen Platz wieder entfachen können. Streichhölzer sind knapp.

Ich hatte einen Unfall und keiner weiß, wie es geschah. Heinz sieht mich liegen, springt hinzu und ruft den Zugführer. Mein Gesicht ist blutüberströmt, die Wunde liegt im Haaransatz über der Stirn. Der Zugführer verbindet es provisorisch und begleitet mich ins Lager. Inzwischen hat sich eine ansehnliche Beule gebildet und der Doc, ein Tierarzt, stellt fest, daß es sich um eine Platzwunde handelt. Vermutlich stumpfer Gegenstand, aber wie ?. Wir rekonstruieren den Fall so: Heinz schlug mit der Axt die unbrauchbare Spitze der Fichte ab. Ich arbeitete mich mit dem Beil vom Fuß des Stammes vor, um die teils sehr dicken, nach unten hängenden Zweige abzuschlagen. Dabei muß mein Beil beim Schwungholen in einem der starken Zweige hängen geblieben sein. Der Zweig federt, die stumpfe Beilseite wird auf meinen Kopf geschnellt – Bum! Jedenfalls war der Schlag umwerfend. Am nächsten Morgen bin ich wieder fit.

Wenn wir in der Dämmerung auf dem Rückweg sind, flackern hinter uns noch lange die langsam niederbrennenden Feuer. Spuren, die wir morgens vorfinden, verraten uns, daß unser Geruch oder vielleicht auch nur die Wärme, die Wölfe angelockt hat. Man kann sich kaum vorstellen, wovon diese Raubtiere hier leben. Wir haben auch hier in dieser Einsamkeit noch kein Wild zu Gesicht bekommen. Einmal lediglich poltert am frühen Morgen ein großes Tier aus dem Sumpf heraus, vermutlich ein Elch. Unser zwischen dem Hauptlager und uns pendelnder Bote kam einmal zurück und mochte nicht allein weitergehen, weil er auf Wölfe stieß. Auch die Bevölkerung dieser Gegend soll tolle Geschichten über diese Viecher zu erzählen haben. Gestern gingen wir bei eisiger Kälte und Frost klaren Mondschein zurück zum Lager. Da erklang plötzlich vom Waldrand das schaurige Heulen eines Wolfes und im Mondlicht spiegelten sich grüne Lichter. Schauer schossen mir durch den eiskalten Körper, wir beschleunigen das Tempo. Jetzt wird grundsätzlich das Beil mit auf den Weg genommen.

Eine Kommission ist gekommen, eine Ärztin dabei. Untersuchung in gewohnter Weise. Ausziehen, vortreten, umdrehen, der Nächste. Ergebnis, ich bin wieder einmal Gruppe ¾, das heißt, nur vier Stunden leichte Arbeit. Aber wie?. Die Positionen in der Küche, Handwerker, Pfleger des Arbeitsgerätes sind in fester Hand. Am Abend ist alles klar: Stallwache. Im Stall sind wir zu zweit. Mein Arbeitskollege ist ein ehemaliger Luftwaffen-Offizier, der keinerlei Beziehung, ja sogar Angst vor Pferden hat. Das wirkt sich sehr negativ auf meine Arbeit aus. Unsere Einteilung, Horst von 18.00 Uhr bis 1:00 Uhr, ich von 1:00 Uhr bis 8.00 Uhr.

Die Stallwache an sich ist nicht anstrengend. Der Stall ist nur mäßig kalt und in einem Heuhaufen läßt es sich gut ruhen. Die Pferde werden mit Feierabendzeit noch gefüttert, das führt dann dazu, daß sie in der Zeit der ersten Stallwache bereits einmal getränkt werden müßten. Es dauert eine Weile bis ich begreife, daß Horst sich vor dieser Arbeit drückt. Oder sollte er Angst haben im dunklen Stall zwischen die Pferde zu treten? Wenn ich ihn um 01:00 Uhr ablöse, ist immer große Unruhe im Stall. Ich schleppe dann Eimer für Eimer, d.h. immer zwei an einem Querholz über die Schulter gehängt, vom Fluß heran. Der Fluß ist cirka 30 Meter entfernt, die Böschung steil und das Loch im Eis inzwischen mit spiegelblanken Eishügeln umgeben. Diese Jongleur-Arbeit nimmt viel Zeit in Anspruch und ich bin total fertig, wenn ich schließlich alle Pferdchen zufrieden gestellt habe und ins Heu sinke. Mittags machen wir gemeinsam Stalldienst, ausmisten und fegen. Manchmal denke ich, es ist schlimmer als zuvor im Wald.

Weihnachten, ein Politoffizier inspiziert das Lager und fühlt sich zu einer Ansprache verpflichtet. Er macht uns mit den geflügelten Worten klar, daß wir als deutsche Soldaten im Sinne der Wiedergutmachung unser Bestes zu geben haben, um die dem russischen Volke zugefügten Schäden zu ersetzen. Von Heimtransport fällt kein Wort. Da wird im Dunkeln der Pritschen eine Stimme laut: Und was ist mit der Absprache zwischen Adenauer und Stalin, wie ist es mit dem 31.12.1948?, nie wird es möglich sein, uns bis zu diesem Termin nach Hause zu entlassen! Es gibt noch einige Worte hin und her, da läßt der Kommissar von den beiden Kameraden die Personalien feststellen. Am nächsten Morgen bei seinem Abmarsch zum Hauptlager sind die beiden Plenni mit auf dem Weg. Was mag aus ihnen werden, ist die bange Frage, die uns tief bewegt.

Die Jahreswende beschert uns eiskalte mondklare Nächte. Ich stehe vor der Stalltür und träume von Dingen, die für uns fast nicht mehr faßbar sind. Da zieht es mir eiskalt durch den Körper, ein Wolf heult den Mond an. Dieser einsame Schrei der unendlichen Wälder erfasst mich so sehr in seinem schaurig schönen Klang, daß er mir vermutlich unvergesslich sein wird. Die Pferde bleiben ruhig, ich lege mich ins Heu und träume. Plötzlich schreckt mich ein Mordsspektakel aus meiner Ruhe. Sehen kann ich bei der kleinen Ölfunzel nur sehr wenig, aber eines ist mir sofort klar, der Hengst ist los und zog durch die enge Stallgasse. Weil ich die Pferde nur bei Nacht erlebe, weiß ich nicht, daß eine der Stuten rossig ist und das in dieser Jahreszeit? Vielleicht hat ihn nur ein Koller gepackt. Jedenfalls ist er laufend am Steigen und stößt dabei mit dem Kopf an die aus lose liegenden Stangen bestehende Stalldecke. Das gibt nicht nur ein großes Gepolter, auch fliegt von der oben liegenden Heu - und Strohreserve eine Unmenge herunter. Ich krieche unter den Hälsen einiger, natürlich auch unruhiger Pferde hindurch, um von vorn an den Hengst heranzukommen. Es gelingt, trotz der Dunkelheit erwische ich sein Halfter, jetzt die Nasen-„Notbremse". Seine Schläge mit der Hinterhand fegen zu Glück in die leere Stallgasse. Völlig verkrampft hänge ich an seinem Kopf bis der russische Posten erscheint, der Lärm hat ihn mobil gemacht. Gemeinsam schaffen wir es, den Hengst in seiner Ecke wieder anzubinden. Am nächsten Tag wird seine Box verstärkt und er wird mit zwei Stricken angehalftert, hoffentlich reicht es.

Bei der Februar-Untersuchung fällt mein Ergebnis anscheinend noch schlechter aus, Ergebnis: Küchen-Hilfsdienst. Der Traum eines jeden Plenni, einmal in der Küche sein! Möglich ist diese Versetzung nur, weil wir einen politisch neutralen Lagerleiter und einen loyalen russischen Kommandanten haben. In den großen Lägern ist nur den Leuten diese Position vergönnt, die sich als politisch einwandfrei und zuverlässig erwiesen haben. Am nächsten Morgen trete ich zusammen mit einem weiteren Neuling meinen Dienst an. Zunächst sind einmal der Kessel der Frühsuppe und die beiden Ausgabe-Gefäße zu säubern. Anschließend ist der aus rohen Stämmen einfach auf den Waldboden gelegte Fußboden dran. Das Ausfegen erweist sich als „eine Wissenschaft für sich". Nur, wenn man nach einem ganz bestimmten System vorgeht, gibt es eine Ecke, in der es möglich ist, den Schmutz auf die Schaufel zu nehmen. Interessant ist, daß wir hier zum Glück keine Ratten haben, vermutlich weil wir weitab jeder Zivilisation leben. In diesem Zusammenhang fällt mir jetzt erst auf, daß wir hier auch von der Wanzenplage befreit sind, die in den anderen Lägern manche Nacht zur Hölle machten. Eine weitere Arbeit für uns ist das Hereinholen des Brennholzes, gehackt wird es von den Handwerkern (Schuster, Schneider und Gerätewart). Mit diesen sitzen wir vom folgenden Morgen an täglich um 06:00 Uhr zusammen, um die große Menge Kartoffeln zu pellen. Das Wasserholen, die Arbeit, die mir im Stall vermutlich „den Rest gegeben hat", machen auch die Handwerker. Wenn wir die beiden Kessel reinigen, dürfen wir die Reste essen. Da kratzt sich von den Rändern schon eine gute Portion zusammen und es wäre möglich, sich manchmal bis oben hin vollzustopfen. Die Erfahrung der Jahre hat jedoch gelehrt, daß Leuten, die diese Chance hatten, gar bald aufgeschwemmt waren, rund und schier vor die nächste Kommission traten und flugs ihren nahrhaften Posten los wurden.Das versuche ich auf jeden Fall zu vermeiden. Mein Arbeitskollege stürzt sich auf jeden nur anfallenden Rest, ich nehme pro Mahlzeit lediglich einen kleinen Nachschlag, so schwer es mir auch fällt. Um meinen Freund Heinz brauche ich mir keine Sorgen zu machen. Im Herbst hatten wir Gelegenheit von unserem ersparten 10 Rubel pro Monat und den Verkauf einer uns irgendwann einmal zugeflogenen Wolldecke Kartoffeln zu kaufen, die er noch eine ganze Weile allein genießen kann. Außerdem bekommt Heinz meine ganze Tabakwaren-Zuteilung, die er verkaufen kann.

Die Tage in der Küche verlaufen im Rhythmus der Mahlzeiten. Bis Mittag ist reichlich Arbeit da, nachmittags haben wir frei. Die beiden Köche sind sehr umgängliche Kameraden, so ist es fürwahr ein Leben, daß man fast als angenehm bezeichnen könnte.

Der Februar bringt viele Stürme, so daß gar einmal die Arbeit ausfallen muß, welches Ereignis!. Die Schneeberge um unser Lager herum wachsen von Tag zu Tag. Dann zieht der März ins Land und mit ihm wieder eine Kommission. Untersuchung, meine Taktik bestätigt sich. Mein Arbeitskollege muß gehen, ich darf bleiben. Aber nicht nur das allein, zehn Mann sollen mit ins Hauptlager zurück, unter ihnen der Küchenchef. Der Kapitän behauptet, mit dem ersten Dampfer bei offenem Wasser soll ein Transport abgehen. Transport - ein Wort, an das wir kaum noch zu denken wagten, sollte es wirklich einmal möglich sein?. Damit tritt für mich eine große Veränderung ein, Franz, bisher zweiter Koch wird der Erste sein und ich soll an seine Stelle treten und zweiter beziehungsweise Nachtkoch werden.

Zunächst bin ich erschrocken, habe ein wenig Angst, aber bald kommt doch eine gewiße Freude auf. Ich habe in diesen Jahren so viele Arbeiten verrichtet, da werde ich auch das noch schaffen. Alles dreht sich um den Transport. Das Wort läßt uns über Tage nicht los. Wieder wachen die alten Geschichten, wachen wie nach langem Traume auf, Erzählungen, die zumindest beginnen, bei uns zu Hause ..... und dann wieder die bange Frage, wie wird es heute dort sein. Und im Herzen das stille Hoffen, daß es so sein möge, wie es immer war.

Meine neue Arbeitszeit beginnt mit der Haupt-Essensausgabe. Hier gibt es wie in anderen Arbeitslägern nach der Arbeit ab ca. 18:00 Uhr die Hauptmahlzeit mit Suppe und Kasha. Die Suppe können wir hier etwas sämiger machen und die Kasha-Portion leicht größer als üblich, weil die Mittagssuppe ausfällt. Ab 19 Uhr geben wir dann die Brotportion aus. Danach reinige ich die Kessel und trete in die Funktion des Nachtkochs ein. Was ist zu tun?. Zunächst die Kartoffeln für den nächsten Tag waschen und in den Kessel einfüllen. Ab und an haben wir neben dem üblichen Sauerkraut auch rote Beete. Diese bereite ich auch bereits in der Nacht vor. Die Fleischmenge ist so gering, daß der Plenni kaum noch einmal das Glück hat, einen Happen Fleisch zwischen den Zähnen zu spüren. Um eine gerechte Teilung zu erreichen, wird das Fleisch nach dem Vorkochen ganz klein geschnitten und verschwindet dann in der Suppe. Einen kleinen Kessel haben wir immer „unter Dampf", in ihm werden die Knochen so lange gekocht, bis sie zerfallen. Wenn diese Vorbereitungen für die Tages- bzw. Abendsuppe durch sind, gehe ich an die Frühsuppe. In einem 150L-Kessel bringe ich das Wasser zum Kochen und gebe vier schöne große, gesalzene Kabeljau mit Haut und Flossen hinein. Mir macht es Spaß, die Fische wie Turmspringer in den Kessel sausen zu lassen, ein bescheidenes Vergnügen. Der Kessel kocht von ca. 20:00 Uhr bis 22:00 Uhr, dann füge ich bei ausbrennender Glut ein Schälchen Graupen zu. Danach lege ich mich schlafen und werde um 01:00 Uhr wieder geweckt. Die Frühsuppe wird gut durchgerührt und zum Kochen gebracht. Ich rühre eine Schale mit Hafermehl an, gebe sie in die kochende Suppe und lösche das Feuer. Bevor ich mich nun den anderen Kesseln zuwende, kommt meine „glückliche Stunde". Mit drei bis vier Kartoffeln, einem Löffel Brühe aus dem Fleischkessel geschöpft, bruzzele ich mir Smuttkartoffeln – lecker! Mit allerlei Arbeit vergeht die Zeit, bis die Handwerker kommen, um mir Kartoffel pellen zu helfen. Dann folgt die Ausgabe der legendären dicken Tshaikaer Fischsuppe. Um sie noch sämiger zu machen, öffne ich lange vor der Ausgabe den Kessel, rühre gut um, fülle die Suppe circa ¼ Std. vor der Ausgabe in die Gefäße am Fenster. Dringt dann noch kurz vor der Ausgabe die Kälte herein, wird die Suppe schön dick.

Nach der Ausgabe gehe ich in den Brotraum, nehme mir eine recht dicke Scheibe „Chleb", bestreiche sie mit dem grad vorhandenen Fett und überziehe sie mit Zucker. Wenn ich diese Köstlichkeit auf der Pritsche im Nebenraum verzerrt habe, wird geschlafen bis in den Nachmittag hinein.

Alle zehn Tage gibt es Verpflegungs-Nachschub. Eines Tages überrascht mich der Verwalter und mit einem molligen Wollknäuel, einem Welpen, Rasse unbekannt. Ein tolles Geschenk, ein Wesen, das man knuddeln und streicheln kann. Mein Gott, wie viel aufgestaute Streicheleinheiten haben wir zu vergeben. Wir quartieren ihn in dem Zimmer ein, in dem Franz und ich allein wohnen und er gewöhnt sich schnell an uns.

Es ist Nacht, gedämpftes Mondlicht gibt der Lichtung einen schwermütigen, fast gruseligen Schimmer. Da erschrecke ich, dort steht einer und rührt sich nicht, er scheint mich zu beobachten, der Posten kann es nicht sein, die Burschen schlafen. Jetzt breitet er die Arme aus und streicht ab, ein Uhu ist es, der auf dem Hauklotz saß. Ich trete vor die Tür und höre vom Waldrand einen tiefen Ruf erklingen.

Das Eis auf dem Fluß beginnt zu krachen. Es soll wohl stöhnen und schreien, wir haben ihm allerlei angetan. Das Holz, das vom Schlag herangefahren wurde, liegt in hohen Stapeln auf der Eisdecke. Was der Fluß nicht fassen konnte, türmt sich noch am Ufer auf. Gegen Ende April bricht das Eis auf. Und gar bald kommt das Holz unter großem Getöse in Bewegung und wird von dem nachdrängenden Wasser den Fluß hinabgezwängt. Dieser Schub geht nicht immer glatt ab, bald bleiben die langen Stämme in einer Kurve hängen und das nachdrängende Holz türmt sich hoch auf. Da müssen dann einige Spezialisten, die bereits zwei Winter Erfahrung sammelten, mit langen Haken hinaus und Luft schaffen. Eine ungemein gefährliche Arbeit und man kann nur immer hoffen, daß keiner dieser Kameraden zu Schaden kommt. Echte Hilfe wäre hier so schnell nicht zu erwarten. Das Wasser übernimmt diese Schub-Arbeit für ungefähr drei Wochen, dann sind auch die Stapel am Lager verschwunden.

Es ist Frühling geworden. Das junge Grün bricht aus der dunklen Waldkulisse hervor, die Vögel sind am Jubilieren und auch die Kraniche kommen, nach denen unser Lager intern benannt wird, sind schon wieder da. Sie haben ganz in der Nähe ihren Nistplatz. Wie Trompetenstöße gellen ihre Rufe über unsere Lichtung. Ich nutze meine freien Stunden, um weiter flußauf in den Wald zu gehen, eine völlig unberührte Wildnis. Träumend am Ufer liegend verbringe ich manch freie Stunde. Die Gedanken gehen natürlich in die ferne Heimat. Wie im Film ziehen die Stationen meines Lebens vorüber. Über allen Orten schwebt die Frage, wie mag es dort jetzt aussehen. Die kurzen Kartengrüße, die uns jetzt wieder erreichen, sagen nicht viel darüber und sind vermutlich rücksichtsvoll geschönt.

Es scheint, als würde dieses Außenlager bald aufgelöst. Die Pferde wurden bereits abgezogen. Ein Kommando ist täglich am Fluß verteilt, um das Holz zu lösen, wenn es sich festgesetzt hat. Bei dem ruhigen Schub des Wassers eine gemütliche Arbeit. Ein weiterer Trupp ist mit Beutel voll Fichtensamen ausgerüstet. Sie müssen auf den Kahlschlag in Abständen von 2 x 2 Metern die Erde aufhacken und einige Samen einstreuen. Es ist ein Leben ohne Druck und Hast, fast könnte man es eine schöne Zeit nennen. Wieder einmal ist Posttag, auch für mich etwas dabei. Aber auch Post für alle! Klaus hat von dem Heinz Braun einen Brief mit Bild bekommen, wie er in Stuttgart den Zug verläßt. Heinz ist einer der beiden „Meuterer", die am Jahresende mit der Kommission das Lager verlassen mußten und um deren Schicksal wir so sehr gebangt haben. Bei den Russen kenne sich einer aus. Das gibt natürlich Auftrieb im Hinblick auf die mögliche baldige Heimkehr.

Das Waldlager wird geräumt, wir marschieren zurück ins Hauptlager. Ich habe mich inzwischen erholt und gehe in meinen Zug zurück. Franz bleibt erster Koch, ein zweiter ist im Hauptlager noch verblieben, während der Erste am Tag unserer Ankunft mit einem Transport nach Tscherepowez abgeht. Zurück bleiben ca. 200 Mann. Wir landen in einer Art Notbaracke vor dem Zaun, die nicht den besten Eindruck macht. Arbeit gibt es am Langholz-Platz, dort werden die Stämme zu Floßbündeln zusammengefügt und weiterhin entlang des Flusses, um den Fluß des restlichen Holzes zu überwachen. Wir gehen früh morgens vom Lager flussabwärts und alle 30 - 40 Meter, je nach Flussverlauf, übernimmt einer den Abschnitt und muß das Holz in Bewegung halten. Weil wir nur auf jeweils einer Flußseite postiert sind, wird es schwierig, wenn sich ein Stamm am anderen Ufer aufhängt. In solchen Fällen werden wir zu echten Flößern. Man nimmt zwei 8-m-Stämme, drückt sie mit den Füßen zusammen und stakt so dem anderen Ufer zu. Mit einiger Übung ergibt sich eine sichere Überfahrt, anfangs allerdings geht jeder ein- oder mehrfach baden. Hauptsache, in dieser Situation scheint die Sonne, damit das Zeug in einem Baum trocknen kann.

Der Fluß fließt so schwach, daß die Bäume sich kaum mehr bewegen. Damit ergibt sich eine neue Arbeit. Bei einer neuen Einteilung der Gruppen macht man mich zum Zugführer, Auftrag: Am Nachmittag mit vier Mann einen Floßsack zusammenfügen. Dabei werden 10 bis 12 Vier-Meter-Stämme mit Hilfe eines Drahtes zu einer schwimmenden Kette verbunden, hiermit so viel schwimmende Stämme wie möglich einfangen, der „Sack" vorn geschlossen und ist bereit, abgeschleppt zu werden. In der Nacht stehen wir wegen der Myriaden Mücken um 4.00 Uhr auf. Ich habe zwölf Mann dabei, die den Floßsack zum Holzplatz schleppen müssen. Das Schleppen geschieht auf alte Wolga-Schiffer-Manier, an jeder Fußseite hängen sechs Mann in den Seilen und arbeiten sich mühsam durch die Flußschlingen hindurch. Ich bin mit einem Bootshaken ausgerüstet und stets im Einsatz, um den Floßsack an Hindernissen vorbeizudrücken oder zu ziehen. Insgesamt sind Nacht für Nacht drei Gruppen im Einsatz. Nach passieren des russischen Lagers wird der Fluss so breit, daß ich nicht mehr bei der Gruppe bleiben brauche. Ich bummle dann durch den wilden Busch dem Holzplatz zu. Auf diesem Wege steht plötzlich eine Russin vor mir und ich bemerke, daß sie sogar recht gut Deutsch spricht. Maja, eine Zigeunerin aus Galizien, ist im Wege der Verbannung in diesem Lager gelandet. Sie bewacht des Nachts die kleine Pferdeherde des Lagers. Im Laufe weiterer Begegnungen erfahre ich, daß die Hälfte ihres Lagers Verbannte sind und die anderen dienstverpflichtet wurden. Diese Verpflichtung geschieht derart, daß ein Dorfkommissar Order bekommt, einige Leute für dringende Arbeiten abzustellen. Verheiratete und junge Männer kurz vor der Militärzeit werden verschont, da bleiben dann die 15 - 16jährigen Mädchen und Jungen. In einer Diktatur ist ja alles so einfach. Auch in den folgenden Nächten treffe ich Maja wieder. Sie hat es mit dem Hüten der Pferde in diesem unübersichtlichen Gelände recht schwer.

Nach vierzehn Tagen habe ich für das Überwinden eines besonders schwierigen Abschnitts im Flußverlauf eine für das Schleppkommando wesentliche Erleichterung ausgeknobelt. Wir erproben es und es klappt vorzüglich. Da kommt der russische Sergeant darauf zu, der den Holztransport zu beaufsichtigen hat. Er schaut zu, versteht vermutlich den Sinn nicht und befiehlt in der gewohnten Weise weiterzumachen. Ich versuche es ihm zu erklären, Worte gehen hin und her, er wird laut, ich auch und sage, dann macht doch euren Dreck alleine. Das war zu viel. Am nächsten Tag bin ich kein Zugführer mehr. Nun, dann gehe ich halt Holz schleppen. Dafür habe ich jetzt am Nachmittag reichlich Zeit, Beeren zu suchen. Was sehr schmackhaft und reichlich vorhanden ist, die Moltebeere. In Maßen darf man auch die Rauschelbeere genießen. Zu viel dürfen es jedoch nicht werden, einer der Kameraden hat einmal zu viel dieser süßen Früchte genossen, schlief im Wald ein und irrte eine Nacht herum, bevor er einen Weg wiederfand. Dieser Weg führte an den Fluß und so fand er das Lager wieder, noch einmal Glück gehabt.

Seit drei Tagen haben wir mit 15 Mann einen anderen Arbeitsplatz. An einem größeren Fluß, auch ein Nebenfluß der Sheksna, liegt eine Barke, die wir beladen müssen. Der Weg führt uns durch ein sehr schönes Waldgebiet. Erst dichter Fichtenbestand, dann lichter Föhrenwald und darunter Moltebeeren, soweit das Auge reicht. Die „Barscha" ist ein Holzschiff, sehr hochbordig und rund, also mit großem Fassungsvermögen. Das Besondere an diesem Kahn ist jedoch, daß mittschiffs auf einer Brücke von Backbord nach Steuerbord ein ganz normales Blockhaus steht. In diesem Haus wohnt der Schipper mit seiner Familie. Es erinnert an die Arche Noah. Nach drei Tagen harter Arbeit haben wir den Lagerplatz geräumt, der Schlepper pickt die Barke an und Frau und die beiden kleinen Kinder des Schippers winken uns einen letzten Gruß zu.

Endet ein Arbeitstag einmal früher, strolche ich gerne durch den Wald. Auch habe ich es einmal mit dem Angeln versucht, habe aber wohl nicht die rechte Geduld aufgebracht. Eine weitere Art die Verpflegung aufzubessern, ist bei einigen Experten sehr beliebt. Wenn man in aller Frühe durch das feuchte Gras geht, hüpfen viele große Frösche herum. Froschschenkel als Gaumenfreude sind auch den Plenni nicht fremd. Einmal nur habe ich mir die Sache angesehen, vom Schlachten bis in die Pfanne, nein danke, mir reichts. Wenn die bratfertigen Frösche kleinen nackten Menschen ähnlich in der Pfanne lagen, ist mir der Appetit restlos vergangen. Da halte ich mich lieber an Beeren.

Gestern gab es im russischen Lager auch für uns die Möglichkeit, Trockenkartoffeln zu kaufen, nichts wie hin. Ich stelle mich also in die Schlange und sehe vor mir ein „Bilderbuch". Es ist eine über und über tätowierte Frau im leichten Trägerhemdchen, das

so viele Bilder frei gibt. Beim „Umblättern", sie dreht sich zu mir herum, steht Maja vor mir, die Pferdewärterin. Geinz!, was machst du, ich habe dich so lange nicht getroffen. Ich erzähle meine Story, die sie mit einem nitschewo kommentiert. Aber auch sie hat eine Geschichte zu erzählen. Die Wölfe haben in der letzten Nacht eines ihrer Pferde gerissen. Bis sie hinzukam und sie sich durch viel Geschrei vertreiben ließen, war das Pferd so schwer verletzt, daß es anschließend getötet werden mußte. Eine Weile sitzen wir noch auf einem der herumliegenden Stämme. Maja hat in ihrer Heimat unter deutschstämmigen Volksgruppen gelebt. Die Tätowierungen sind während der Verbannung aus einer verzweifelten Gleichgültigkeit heraus entstanden. Sie ist jetzt 29 Jahre alt und erwartet schon nicht mehr sehr viel vom Leben, sie rechnet einfach nicht damit, noch einmal ein ganz normales Leben führen zu können. Und so, sagt sie, mit großer Geste rundum weisend, geht es fast allen hier.

Durch die Nachbarschaft dieses Lagers haben wir den Vorteil, daß man für beide Läger eine Badestube eingerichtet hat. So können wir wenigstens alle acht Tage eine Vollwäsche mit warmem Wasser durchführen. Mitte Juli. Ich habe mich grad schlafen gelegt, steht Franz vor mir. Karlheinz, du mußt mir helfen! Von den 200 Mann des Lagers gehen ca. 80 auf Transport, Franz soll dabei sein. Allerdings hat der russische Kommandant ihm eine Bedingung gestellt, daß er einen neuen ersten Koch benennt, der zweite Koch hat Angst vor der Aufgabe, darum bittet Franz mich, die Küche zu übernehmen. Er „singt mit Engelszungen"; was meine Weigerung schließlich ins Wanken bringt, ist, daß es daheim nicht nur eine Frau, sondern auch eine jetzt 12-jährige Tochter gibt, die er seit fünf Jahren nicht mehr gesehen hat.

Am nächsten Tag stehe ich in der Küche, drei Tage später geht der Transport ab. Nach einigen Tagen habe ich mich in den Küchenalltag eingearbeitet. Unser kleiner Freund aus dem Waldlager, der sich zu einem hübschen Schäferhund entwickelt hat, ist mit dem Transport abgereist. Um diese Küche streicht immer ein so großer schwarzer Mischling herum. Ab und zu bekommt er einen der ausgekochten Knochen oder eine ebenso ausgelaugte Schwarte hingeworfen. Eines Tages ist er verschwunden. Am Abend bittet mich einer, seine Kartoffeln auf der Herdplatte zu braten, eine Sache, die hier üblich ist. Ich stelle fest, daß sich zwischen den Kartoffeln sogar kleine Fleischstückchen befinden. Da kommt aber auch ein anderer Plenni angeschlichen und fragt mich, weißt du denn auch, welche Art Fleisch dort in der Pfanne ist? Überleg doch einmal, wo dein Hund geblieben ist!. Der Besitzer der Pfanne daraufhin angesprochen, schnapp die Pfanne und verschwand: Er hat nie wieder etwas gebracht.

Der Wratsch (Arzt) kommt und kontrolliert die Küche auf Sauberkeit. Mir fällt auf, daß er nicht gleich mit dem üblichen Satz: „pol gryaznyy" in Verbindung mit den üblichen Flüchen in die Tür fällt. Ich bin schon sehr überrascht, daß er sich heute so friedlich aufführt. Und schon kommt er damit heraus, daß seine Frau verreist ist. Maja erzählt mir später, daß die Frau ihn mitsamt dem dreijährigen Jungen fortgelaufen ist. Jetzt nimmt er mich mit in sein vereinsamtes Haus, krempelt den Ärmel der Litewka auf, greift in ein Faß und angelt ein Stück Fleisch heraus. An jedem Mittag soll ich ihm eine Fleischbrühe kochen, solange der Vorrat reicht. Wird gemacht. Für mich bedeutet es, weil ich die Suppe immerhin abschmecken muß, daß ich mir an jedem Mittag eine kleine Brühe genehmige, bevor ich den Rest in der Wachstube abliefern.

Wegen einer für das Lager empfangenen Fleischportion habe ich mit dem Magaziner Ärger bekommen, das Fleisch stank, ich verweigerte die Annahme. Der Magaziner jagte mich zum Teufel mit dem Fleisch. Als ich damit im Lager ankam, kamen einige Plenni entsetzt an den Wagen heran, und das sollen wir essen?!. Sie haben ja recht. Ich also gleich zu unserem Doktor, dem Tierarzt. Der gab mir eine Portion Kalium Permanganat und schon nach einigen Waschungen war der Fall erledigt. Es geht gar manches. Die frühherbstlichen Tage sind schön, viel Sonne, doch nicht zu heiß. In meiner Küche bin ich immer am Putzen. Bei Gelegenheit finde ich in einem nicht benutzen Zug des Schornsteins einige sehr gute Säcke. Ein prima Fang. Am Abend schleuse ich sie zu Heinz hinüber. Er wird sie einem der Boten zwischen Schlepperhafen und Lager mitgeben, der mag sie dann verscheuern. Da werden für Heinz schon einige Rubel herausspringen. Wie oft haben wir schon festgestellt, daß Gegenstände, die wir kaum anbieten wollten, von der Bevölkerung begeistert gekauft wurden. Für Heinz heißt es jedenfalls Zusatzkost in Kartoffeln, Brot oder Soja-Plätzchen. Und ich brauche mir keine Gedanken machen, daß ich an der Quelle sitze und Heinz nichts davon abgeben kann. Meinen Compagnon, den Nachtkoch, lerne ich kaum richtig kennen. Wenn ich aufstehe, geht er auf die Pritsche und taucht erst am Abend wieder auf, wenn er Hunger hat.

Aufbruch in die Freiheit

Dieses selbständige Arbeiten gefällt mir gut. Ich mache vor dem Schlafen noch einen Besuch bei meinem alten Zug und streife noch einmal durch den Wald. Manchmal denke ich dabei, möge es doch endlich ein Abschiedsgang sein. Karten aus der Heimat kommen sehr unregelmäßig zu uns heraus und nach jedem Postempfang braucht man erst einmal ein paar Tage, bis sich die trüben Gedanken wieder abbauen.

Heinz' Geburtstag naht. Ich habe mir bereits einen Baum gemerkt, der das erste Herbstlaub trägt, diese Tradition mit dem dicken Strauß zum Geburtstag muß erhalten bleiben. Als weiteres Geschenk habe ich mir ausgedacht, daß ich Heinz einfach mal kurz zu mir in die Küche hole. Im Lager grummelt es, nicht mehr wie kriechende Parolen, nein, es wird ganz offen von der Auflösung des Lagers gesprochen. Anfang September müssen wir eine Baracke frei machen und gleich darauf erscheint ein bunter Schwarm junger Mädchen und zieht dort ein. Für uns bedeutet es „höchste Alarmstufe", jetzt scheint es tatsächlich mit der Abreise zu klappen. Daß wir weiterhin direkt Tür an Tür wohnen sollen, ist wohl kaum anzunehmen. Am 6. September geht das letzte Langholz-Floß vom Lager ab in Richtung Schlepperhafen. Bis dahin wird es von den Kameraden flußabwärts gestakt. Am 8. trifft eine Barke ein, sie soll das letzte Brennholz mitnehmen. Jetzt ist es klar, daß auch wir die längste Zeit hier waren. 11. September, Heinz' Geburtstag und unser letzter Tag am Ort, nachmittags geht es mit der Barke Richtung Tscherepowez. Unter dieser Voraussetzung erlaube ich mir, Heinz anläßlich seines Geburtstages für eine Weile in den Verpflegungsraum zu setzen, soll er sich einmal satt essen. Um 14:00 Uhr sind alle an Bord. Zurück bleibt für uns ein Palisadenzaun, der zum Glück kein Zaun war, und uns die Freiheit der Bewegung zu jeder Tageszeit nicht verwehrte. Was aber liegt vor uns, wieder einer der Zäune, die wir über fünfeinhalb Jahre gehaßt haben, oder sollte es wirklich die Freiheit sein? Die Barke wird bloß abgestakt. An einer

Flußbiegung läuft sie auf Grund und muß mit viel Kraftaufwand und Gewichtsverlagerung der Passagiere wieder flott geschaukelt werden.

Am Schlepperhafen angekommen werden wir in ein Barken-Paket mit sechs Schiffen je zwei nebeneinander eingefügt. Bevor die Reise los geht, wird mir auf dem Schlepper eine Kombüse angewiesen, ein Raum von ca. 1,50 bis 2,0 Metern, mit einem Herd ausgestattet. Dorthin nehme ich einen 60-Liter-Kessel mit und meinen Bestand an Graupen. Eine Ladung Brennholz wird mir noch herübergeschafft und schon geht die Reise los. Ich setze meine Suppe an und in jeder Schleuse, sei es am Tage oder in der Nacht, wird der volle Kessel abgeholt und dann leerer zu mir herübergebracht. Das bedeutet, daß ich nicht nur den Ausgabe- Rhythmus von Schleuse zu Schleuse einhalten, sondern auch während der ganzen Fahrt das Feuer in Gang halten muß. Schlafen ist nicht, nur mal eben einnicken. Aber anbrennen darf die Suppe schließlich auch nicht. Für die Kameraden in der Barke ist es sehr wichtig, daß sie von Zeit zu Zeit eine warme Mahlzeit bekommen, sie liegen und hocken schließlich unter freiem Himmel auf dem nassen Holz. Wenn ich in der Zeit, bis das Wasser wieder aufgekocht, nicht gerade in meiner Ecke sitze und döse, spaziere ich auf dem Schlepper herum. Bei einem Blick in die Maschine stelle ich fest, daß drunten vor dem Kessel auch Mädchen arbeiten. Es sind drei Mädchen und ein Mann, die in Schichten die Kessel befeuern. Der Mann hat in seiner Arbeitszeit die zusätzliche Aufgabe, die Kessel zu entschlacken. Eines der Mädchen ist ein derber weißrussischer Typ, ihr traut man schon zu, daß sie mit der großen Schaufel und dem langen Schürhaken fertig wird. Die andere, die ich beobachte, ist eine zerbrechliche Erscheinung, der man diese schwere Arbeit nicht zutrauen möchte. Sie heißt Alja und ist Tatarin. Sie kommt zweimal in der Schleuse die Steigeleiter hoch, um mit mir zu sprechen. Gut sieht sie aus mit ihren leicht schräg gestellten Augen. Ihre Familie ist zur Zeit unserer Gefangennahme von der Krim nach hier deportiert worden. Sie wohnt in Tscherepowez und arbeitet bereits seit einem Jahr auf diesem Schlepper. Was sie zu erzählen hat, klingt alles sehr traurig, aber mit dem üblichen „nitschewo" wird es weggewischt. Gegen Mittag am dritten Tage sind wir in Tscherepowez. Die Kameraden müssen die Barke entladen und haben einen Riesenhunger. Schnell wird gehandelt. Ein Kessel auf Steine gesetzt, Holz darunter und schon wird wieder gekocht. Noch sind es fünf Tage bis Dekadenende, da muß ich Brot, Fett und Zucker in der Lagerküche korrekt abliefern. Mit dem Fleisch, den Graupen, Kartoffeln und roten Rüben gehe ich bei dieser, meiner letzten Suppe, großzügig um. Die Kameraden sind begeistert.

Das Lager hat uns wieder. Der erste Weg führt in die Banja, hierzulande ist man eben für Sauberkeit. Es tut uns aber auch sehr gut nach der Arbeit der letzten Tage in Tschaika, der Schiffsreise ohne jede Waschgelegenheit wieder einmal heißes Wasser zur Verfügung zu haben. Mit meiner Verpflegungs-Übergabe bin ich mit einem blauen Auge davon gekommen. Der Küchenchef hat zwar gemosert, aber was sollte er schließlich dagegen unternehmen, daß geringe Mengen fehlten. Wenn man bedenkt, wie dünn hier im Lager die Suppen und wie klein die Portion Kasha ist, muß sich jeder Tschaikaer fragen, wo das bleibt, das da anscheinend fehlt. In der Baracke angekommen, erleben wir eine große Überraschung. Nicht nur die Gruppe mit der mein Vorgänger Franz uns im Waldlager verließ, nein, auch die Gruppe, die im März fortging, ist noch hier im Lager. So sind hier also drei ehemalige erste Köche des Lagers Tschaika wieder vereint, um gemeinsam besseren Zeiten nachzutrauern.

Wir letzten Tschaikaer haben allerdings das Glück, gar nicht mehr in dem Alltag des Großlagers unterzugehen. Bereits zwei Tage nach unserem Eintreffen wird eine Liste derjenigen verlesen, die sich zum Empfang neuer Bekleidung für den Heimtransport in der Kleiderbaracke einzufinden haben. Heinz und ich sind nicht dabei.

Am nächsten Abend wieder eine Liste, die Spannung steigt. Ja, Heinz und ich, wir sind dabei und nicht nur wir, alle, die mit uns in Tschaika waren, werden aufgerufen. Das also ist die Stunde, auf die wir so viele Jahre gehofft und gewartet haben. Jetzt soll es wirklich wahr werden, was wir in manch trüber Stunde kaum noch zu erhoffen, es geht in die Heimat.

Um als wohlgepflegte Menschen in die Heimat zurückzukehren, werden wir neu eingekleidet. Eine Fufeika (die Wattejacke), eine blaue Baumwollhose, eine fast neue Garnitur Unterwäsche und eine ehemals deutsche Wehrmachts-Tasche für die Habseligkeiten, die wir in unserem Dawai-Sack jahrelang gehortet und mit uns herumgeschleppt haben. Und wer händigt mir die Klamotten aus?, Oskar aus Geestemünde. Er ist total bedrückt, weil er nicht mit aufgerufen wurde. Seit Monaten gibt er hier nun Bekleidung an die glücklichen Heimkehrer und muß immer wieder zurückbleiben. Wahrhaftig eine schmerzliche Sache. Oskar war bei der Feldgendamerie und aufgrund dieser Tatsache, wird er genauso zurückgehalten, wie die Angehörigen der Waffen-SS. Es ist ein sehr bedrückter Abschied. Was nützt es viel, wenn ich Grüße für seine Angehörigen mitnehme und er, nachdem das Lager geräumt ist, nach wer weiß welcher unwirtlichen Gegend des großen russischen Reiches verschickt wurde. Melden kann ich lediglich, daß er gesund ist und recht gut aussieht.

Freitag, der 23. September 1949.

Am frühen Nachmittag verlassen wir das Lager und marschieren zum nahegelegenen Bahnhof, nur wenige Begleiter dabei, keine Posten mit Gewehr. Und wieder stehen wir vor großen 50-Tonnen Waggons, die wir vor 5 1/2 Jahren mit 88 Mann belegten. Jetzt brauchen nur 50 Mann in jeden Waggon. Ich hantele gleich wieder nach oben. Im Gegensatz zu der Fahrt im Juni 1944 haben wir jetzt eine volle Bretterlage für die ganze Körperlänge. Mit Einbruch der Dunkelheit werden die Türen geschlossen und die Lok stößt an. Es geht los, die Räder rollen. Aber rollen sie auch in die richtige Richtung? Wir haben in den vergangenen

Jahren so viel nicht gehaltene Versprechen erlebt, daß das Mißtrauen immer wach ist.

Ich liege auch und bin hellwach, an Schlaf ist nicht zu denken. Ringsum ist alles still, kaum einmal ein leises Gespräch, von Jubel und Freude keine Spur. Über allen liegt banges Erwarten.

Am Tage fahren wir bei geöffneter Tür, strahlende Herbstsonne begleitet die Fahrt. Der Stand der Sonne sagt uns, daß die Richtung stimmt, westwärts Richtung Heimat. Ab und an nennt einer einen vorbeifliegenden Stationsnamen. Und bald kommen wir durch Städte, die uns vom Krieg hier bekannt und bei manchem mit persönlichem Erleben verbunden sind.

Am Nachmittag des 26. September sind wir in Brest-Litowsk, es liegt an der Grenze nach Polen. Eine Grenze, der erste große Schritt in die Freiheit, liegt ganz nah. Wir müssen den Zug verlassen, weil die russische Breitspur endet. Drüben haben die Schienen mitteleuropäische Spurbreite.

Daß wir allerdings nicht gleich in einen anderen Zug steigen, sondern zunächst in eine Baracke geführt werden, riecht sehr nach Filzung. Und sogleich kommen auch wieder negative Parolen auf. Filzung?, was kann ein Plenni schon im Gepäck haben, wenn es nach Hause geht?! Ein banges Herz voller Hoffnung ist schon schwer genug zu tragen, da braucht man sich nicht mit anderen Dingen zu belasten. Doch halt, da ist etwas. In meiner selbst gebastelten Brieftasche befindet sich ein Bild von Soja. Wenn nun wirklich gefilzt?, wenn mir auch nichts geschehen mag, aber was ist mit Soja?. Schweren Herzens entschließe ich mich das Bild in Fetzen dem Wind zu überlassen - und es wurde nicht gefilzt.

Mehrmalige Namenskontrolle, Grenzübergang und schon sitzen wir bzw. liegen wir wieder im Zug und rollen durch Polen dem Westen zu. Inzwischen soll ein Begleitkommando der ostzonalen Behörden im Zuge sein.

Es stimmt, am nächsten Morgen gehen die Herren in die Waggons. Ein Typ der SED macht uns mit salbungsvollen Worten kund, daß das, was uns geschehen, als eine selbstverständliche Verpflichtung gegenüber dem russischen Volke anzusehen sei. Und in diesem Ton geht es eine Weile weiter. Ein Singsang, der nur in dem Gedanken an die sich von Stunde zu Stunde nähernde Heimat zu ertragen ist. Die Waggontür wurde übrigens geschlossen, angeblich wegen der Geräusche, vermutlich aber, um der Gefahr zu entgehen, „aus dem Zug zu stolpern". Und dann wird uns ein Blatt vorgelegt, das wir unterschreiben sollen. Eine Grußadresse an den guten alten Vater Stalin. Mit diesem Schrieb soll ein Dank abgestattet werden, für die gute Behandlung während der Gefangenschaft. Ich kann mich nicht überwinden, diesen Zirkus mitzumachen. Heinz, der in der Ostzone wohnt, muß es gegen seine Überzeugung machen, ich rate ihm noch zu.

Gegen Abend des 27. Septembers landen wir in Frankfurt/O. Ein großes Lager nimmt uns auf. Wir können uns warm waschen und in RAD-Baracken in Betten schlafen, ein Hauch von Kultur weht uns an. Am 28.9. werden unsere Personalien erneut erfaßt. Tagsüber bummeln wir im Lager herum. Am Abend eine Pflichtversammlung mit sozialistischen Sprüchen und dem Hinweis, daß keinerlei Grund besteht, dem großen Vaterland des Sozialismus gram zu sein. Anderntags schleppt uns eine uralte Lok unter Ausstoß unheimlicher Braunkohle-Wolken müde weiter nach Westen. Unser Transport ist kleiner geworden. Die in der Ostzone beheimaten Kameraden haben sich in Ff./O von uns verabschiedet. Noch weiß keiner, ob man sich jemals wiedersehen wird. Die politischen Verhältnisse scheinen sich diesbezüglich ungünstig zu entwickeln.

Am Abend des 29. kommen wir in Heiligenstadt an und werden in einer Schule untergebracht. In dunkler Nacht findet auf dem Schulhof ein Appell statt, die Namen werden noch einmal verlesen. Wir sind nach dem Alphabet auf zwei Schulhöfe verteilt, A-J und K-Z. Die Buchstaben rauschen vorüber. P ist vorbei, dann

R,S….., TUVWZ aus. Und ich? bin nicht dabei. Diejenigen, deren Namen vorgelesen wurden, können in der Aula Verpflegung empfangen. Zu zweien bleiben wir auf dem Hof zurück, was tun?. Will man uns doch noch zurückhalten, das wäre entsetzlich und wenn, warum?, doch nicht etwa wegen der nicht geleisteten Unterschrift bei der Grußadresse an Stalin? Und die Grenze ist so nah, sollte man einfach versuchen sich durchzuschlagen? Da kommt plötzlich einer um die Hausecke herum mit einem Papier in der Hand, wie heißt ihr?. Wir nennen unsere Namen, na endlich, ich habe euch schon mehrfach aufgerufen!. Es stellt sich heraus, daß die Liste nach dem russischen Alphabet aufgestellt ist und das SCH somit im vorderen Bereich landeten. Der Stein, der da vom Herzen fiel, war ein ganz großer Felsen.

Verpflegung holen und schlafen - schlafen geht nicht. Ich glaube, ich liege die ganze Nacht wach. Jetzt in diesem letzten Stunden vor der Grenze kommen die Gedanken einfach nicht zur Ruhe.

Am Morgen des 30. September bringt uns ein Personenzug bis an die Grenzstation. Vom Bahnhof aus müssen wir noch etwa einen Kilometer laufen. Alte Leute und Kinder säumen unseren Weg und begleiten uns, einige haben Handwagen dabei und bieten an, unser spärliches Gepäck zu fahren. Und plötzlich hat es bei einem von uns gefunkt. Die Marschverpflegung, die wir gestern empfangen haben, wechselt den Besitzer. Die Kinder strahlen und die Alten schauen uns mit dankbaren Augen an. So gelangen wir an die Grenze. Die Abfertigung ist einfach, Schlagbaum auf, noch 100 m weiter und der Westen empfängt uns mit offenen Armen und ohne Parolen. Busse stehen bereit, um uns nach Friedland zu bringen.

Lager, Baracke, Bett und dann der übliche Aufnahme-Turnus. Und dann Dusche, richtig duschen, wann haben wir das ein letztes Mal genießen können? - es ist fast sechs Jahre her. Essen in einem Tagesraum an Tischen. Vernehmung durch die Amerikaner, der Entlassungsschein. Eine Kantine, eine Kirche Gottesdienst hält einer unserer eigenen Lager-Pfarrer, und dann in einen tiefen Schlaf sinken, Tränen, warum nicht. Skoro budjet damoi, wer hätte ernstlich gedacht, daß es doch eines Tages so sein würde.

Sonnabend, der 1. Oktober, ich will versuchen zu Hause anzurufen, vielleicht stimmt die alte Telefonnummer noch. Ja, es klappt, Mutter am Apparat, ich komme morgen! Mehr bringe ich nicht heraus.

Abends ab Friedland, Göttingen umsteigen, Hannover für diese Nacht Endstation. Bahnhofs-Mission. Ich habe noch eine Stunde Zeit, bis der Schlafraum geschlossen wird und schlendere, die Freiheit zu genießen, durch die Stadt. Die Stadt ist schwer zerstört, das Bild erschüttert mich sehr, wird es zu Hause auch so sein?

Sonntag, der 2. Oktober 1949,

die Sonne strahlt vom wolkenlosen Himmel. In mir eine große Leere. Ich kann keinerlei Gedanken fassen, blicke aus dem Fenster in die Landschaft, Heimatland. Die Menschen um mich herum nehme ich kaum wahr, will nichts hören, nur aus dem Fenster sehen – Heimat!

Bremerhaven, Vater am Bahnsteig, der Weg durch die Buchtstraße, unser Haus – Mutter – ich bin zu Haus!

197

Erläuterungen

Seite

2	**Protze**	2-rädriger Gerätewagen für den Pferdezug mit zwei Sitzplätzen
3	**Infanterie-Karren**	Gummibereift mit Hand-Deichsel, Kasten ca. 1m im Quadrat
4	**Sanka**	Sanitäts-Kraftwagen
	Kasematten	Gänge und Räder in einem Fort
10	**Ja-Bo**	Jagdbomber
14	**Woina Plenni**	Kriegsgefangener
	rapporta	arbeiten
15	**Dawai**	marsch, vorwärts
17	**HDV**	Deutsche-Heeres-Dienst-Vorschrift
17	**nitschewo**	was soll's, es ist alles einerlei
20	**Babuschka**	Großmutter
20	**Kolchose**	Landwirtschaftliche Produktionsgemeinschaft
27	**Kasha**	Getreide-Brei, meist Graupen
30	**Friiitz**	Wir sagten zu jedem Russen „Ivan", sie zu jedem Deutschen „Fritz"
31	**po piat**	zu fünfen
32	**DJ**	Deutsches Jungvolk, HJ: Hitler-Jugend, NSKK: NS-Kraftfahr-Korps

34	**Machorka**	Der bei den Russen allg. verwendete Billig-Tabak, zerhackte Pflanzenstengel
39	**Antifa**	Eine Organisation politischer Emigranten, die ihre Agenten aus den deutschen Soldaten ergänzte und diese in allen Lägern unterbrachte. Dazu gehörte auch der B.D.O „Bund deutscher Offiziere"
40	**NK**	Nationalkomitee
58	**budjet**	es wird sein
61	**Darmol**	Waschmittel
63	**Fufeika**	Wattejacke
64	**Wratsch**	Arzt
64	**Prasnik**	Fest, Festessen
66	**Chleb**	Brot
70	**Sowjose**	Landwirtschaftlicher Großbetrieb in Staatsbesitz
72	**molodoi Tschelawek**	junger Mensch
73	**Bietschko**	Der große „Backofen", der jedes ländliche Haus zentral beheizte
80	**nu ladno**	schon gut, na lassen wir's
83	**Agronom**	Landwirtschaftliche Fachkraft
98	**Panje**	kleines Pferd
111	**wo widish, kak Turingen**	schau mal, wie in Thüringen
111	**Starost**	Vorsteher

Gedanken der Enkelkinder

Unseren Großvater Karlheinz prägten die Erinnerungen an den Krieg und die fünfjährige Kriegsgefangenschaft sein Leben lang und die Bescheidenheit und Ruhe, die ihn charakterisierten, prägen unsere Erinnerungen an ihn. In den Jahren unserer Kindheit, die 1990er Jahre, als wir Zeit mit unserem Großvater Karlheinz verbrachten, waren wir zu jung, Fragen über den Krieg zu stellen. In unserer Jugend, als wir begannen, uns Gedanken über die familiäre Vergangenheit und die Gräueltaten durch das Dritte Reich zu machen, bestand nicht länger die Möglichkeit, unseren Großvater hierzu zu befragen. Umso wertvoller ist es für uns, einen Teil seiner Gedanken in der schriftlichen Übertragung in den Händen halten zu können.

Dies ist der Bericht eines Soldaten, der im Zweiten Weltkrieg für die Wehrmacht kämpfte, gleichzeitig sind es die Erinnerungen eines Mannes, die zeigen, wie unfreiwillig er seine jungen Jahre gestalten konnte und welche Ängste, Ungewissheiten und Hoffnungen ihn im Krieg beschäftigten. Seine Verschriftlichungen als Zeitzeugenbericht zu veröffentlichen, bewerten wir als wichtig, gerade im gegenwärtigen Deutschland, in dem der Krieg in die Ferne gerückt ist und der Frieden zunehmend als selbstverständlich wahrgenommen wird. Die Erfahrungen des Krieges nicht machen zu müssen, während sie unzählige Leben in der Gegenwart weiterhin prägen, ist ein Geschenk. Daran zu erinnern, dass der Frieden und Wohlstand, wie wir sie in Deutschland erfahren, nicht selbstverständlich sind, ist wegweisend für uns.

Carina und Mona

Karlheinz Hermann Georg Schlüsing,
geb. 19.5.1922, gest. 8.12.2008

Kurzbiografie

Karlheinz Schlüsing wuchs in Bremerhaven, zunächst im Stadtteil Lehe, später im Stadtteil Geestemünde auf. Sein Vater Karl
Schlüsing führte ein Textilgeschäft in der Schillerstraße, das
ständig expandierte. Karlheinz Schlüsing ging in Geestemünde
zur Schule, zuletzt in die Wilhelm-Raabe-Schule, absolvierte
eine Ausbildung im Textilgeschäft von Otto May und begann
1941 mit dem Arbeitsdienst in Polen und Ukraine. Relativ
schnell wurde er anschließend in die Wehrmacht eingezogen
und musste als junger Soldat bis in den Süden des besetzten
Frankreichs fahren, bevor er an die Ostfront auf die Halbinsel
Krim versetzt wurde. Dort wurde er gefangen genommen und
seine fast fünfeinhalbjährige Kriegsgefangenschaft begann.

Nach seiner Rückkehr nach Deutschland im Oktober 1949 hat
er dann Anfang der 50er Jahre eine Weiterbildung an der Textilfachschule in Neumünster absolviert, um anschließend in das
Textilunternehmen der Familie einzusteigen. Dieses übernahm
er später und führte es jahrzehntelang. Er starb am 8.12.2008.

Zeittafel